重庆市
科技型企业年度发展报告
2019

重庆生产力促进中心　编
重庆工商大学融智学院

重庆大学出版社

内容提要

为如实反映科技型企业发展现状，全面掌握科技型企业发展趋势，本书以2018年重庆市科技型企业年报数据为基础，对进入"重庆市科技型企业管理系统"备案管理的11 026家企业的整体数据进行统计分析，多角度如实反映了重庆市科技型企业发展的现状和趋势。

本书共分为七章，第一章为科技型企业发展特点，第二章为科技型企业培育情况分析，第三至五章则依次为重点产业科技型企业、高成长性科技企业、高新技术企业发展分析，第六章为科技型企业出口贸易分析，第七章为重庆市科技型企业培育政策与效果评价。

本书可为科技管理部门制定企业培育政策提供参考，也可为广大学者、科技工作者、产业研究者分析科技型企业创新情况、经济效益与社会贡献、培育政策实施效果等提供参考。

图书在版编目（CIP）数据

重庆市科技型企业年度发展报告. 2019 / 重庆生产力促进中心，重庆工商大学融智学院编. --重庆：重庆大学出版社，2020.6

ISBN 978-7-5689-2102-2

Ⅰ.①重… Ⅱ.①重… ②重… Ⅲ.①高技术企业—企业发展—研究报告—重庆—2019 Ⅳ.①F279.244.4

中国版本图书馆CIP数据核字（2020）第062850号

重庆市科技型企业年度发展报告（2019）

重庆生产力促进中心　重庆工商大学融智学院　编

责任编辑：杨育彪　　版式设计：杨育彪

责任校对：万清菊　　责任印制：邱　瑶

*

重庆大学出版社出版发行

出版人：饶帮华

社址：重庆市沙坪坝区大学城西路21号

邮编：401331

电话：（023）88617190　88617185（中小学）

传真：（023）88617186　88617166

网址：http://www.cqup.com.cn

邮箱：fxk@cqup.com.cn（营销中心）

全国新华书店经销

重庆共创印务有限公司印刷

*

开本：889mm×1194mm　1/16　印张：6　字数：154千

2020年6月第1版　2020年6月第1次印刷

ISBN 978-7-5689-2102-2　定价：80.00元

审图号：渝S（2019）045号

编委会

· ·

序

中国进入新时代之后，创新成为引领发展的第一动力。如何敏锐把握世界科技创新发展的趋势，抓住新一轮科技革命驱动产业变革的历史机遇，已经成为摆在各级政府和创新型企业面前的紧迫课题。

科技型企业是创新驱动发展的主体。它们是科技创新活动的组织者、科技创新价值的实现者，是推动创新活动不断提质增效的"先锋"，是培育发展新动能、推动高质量发展的重要力量。作为直辖市的重庆，全面落实习近平总书记对重庆提出的"两点"定位、"两地""两高"目标，先后制定与出台了一系列改善科技型企业融资环境、减轻科技型企业税费负担、促进科技型企业协同合作的政策措施。近年来，重庆市科学技术局在市统计局、市财政局的大力支持下不断丰富和完善科技型企业数据库，全面梳理科技型企业发展趋势及其规律，创新性地探索与推进重庆科技型企业知识价值信用贷款，其成功经验被作为国务院第六次大督查所列 32 项典型案例之一在全国进行推广。历史需要见证，发展需要思考，重庆市科技型企业年度发展报告便是应运而生的产物。

与这项工作的渊源可追溯至 2017 年，本人有幸得到重庆市科学技术局、重庆生产力促进中心的邀请，作为编委并和重庆工商大学融智学院的几位青年学者一起，共同参与了当年重庆市科技型企业年度发展报告的编辑工作，也是在参与的过程中与参编的各位同志就科技型企业的发展、政府的作为空间等进行了多次的思想碰撞，大家期盼通过我们的不懈努力，共同把"重庆市科技型企业年度发展报告"办成重庆市政府在企业层面支持和培育科技创新的政策指南，使之对重庆创新型社会的形成发挥更大的效用。因此，听闻《重庆市科技型企业年度发展报告（2019）》即将出版，甚是欣喜。

《重庆市科技型企业年度发展报告（2019）》无论是在内容还是形式上都较往年有很大提升：除在宏观的"面"上的数据之外，以集成电路和汽车两个典型领域的"点"上的数据，更为完整地呈现了重庆市科技型企业的发展全貌；以典型企业调研数据和政策的横向对比，全面、系统地梳理了重庆市科技发展相关政策及其实施效果。更为重要的是，编者在收集信息的同时，对未来科技政策、创新氛围营造等热点问题和难点问题，给予了高度关注、思考和展望，可为政府制定科技相关政策提供参考，并为读者客观地认识问题提供帮助。

　　编辑出版重庆市科技型企业年度发展报告，是一项功在当代、利在未来的工作，为我们了解科技型企业最新发展状况、把握创新脉搏开辟了一条途径。每一次系统性的总结与反思，都是为了让未来更可期。这项工作如果年复一年地坚持下去，必然会对重庆市科技型企业形成生命全景式记录，成为我辈见证时代、后世认识历史的重要工具。

　　感谢编委会，让我对重庆市科技型企业年度发展报告的期待变成了现实，也期待未来的重庆市科技型企业年度发展报告能给大家带来更多的惊喜！

王崇举

原重庆工商大学校长

重庆区域经济学会名誉会长

重庆工商大学教授、博士生导师

二〇二〇年二月

前　言

创新是引领发展的第一动力，科技型企业是创新驱动发展的重要主体。实施好创新驱动发展战略，离不开科技型企业的深度参与，离不开科技型企业的科技创新。

为大力培育科技型企业这一创新主体，补齐创新驱动发展短板，在重庆市科学技术局的指导下，我们于2015年研究制定了重庆市科技型企业标准，并由市科学技术局正式发文颁布实施，此后于2017年、2018年历经两次修订完善。2016年，重庆生产力促进中心开发建立了重庆市科技型企业数据库，负责科技型企业入库、年报审核等运行和管理工作。截至2019年底，入库科技型企业达1.69万家。重庆市科技型企业数量已成为全市创新驱动发展和高质量发展评价的主要指标。

大数据的应用在于分析和创造价值。科技型企业大数据是政务大数据的重要组成部分，政府部门可以利用大数据统计分析挖掘结果，用科学方法精准施策；企业可以利用大数据使利润最大化；学者则可以利用大数据寻找科学规律，为党委政府建言献策，支持社会经济发展。运用科技型企业大数据，联结网络社会与经济发展，实现政府组织结构和办事流程的优化重组，构建集约化、高效化、透明化的政府治理与运行模式，向社会提供新模式、新境界、新治理结构下的政府管理和政务服务产品，有着现实的需求和深刻的历史意义。

大数据将为政府带来科学决策、精细化管理和服务创新的新机遇。对于政府而言，科技型企业大数据能为政府决策带来精准的社会价值定位，政府领导者可以通过科技型企业大数据了解全市创新驱动发展状况和社会发展需要。政府部门可以通过数据分析更加及时准确地回应创新驱动发展和创新主体培育相关的问题，为政策措施的制定提供更加强有力的支撑。

在重庆市科学技术局、重庆科技金融集团有限公司等单位和专家的大力协助与支持下，我们以2018年进入"重庆市科技型企业管理系统"备案的11 026家企业数据为基础，编印了《重庆市科技型企业年度发展报告（2019）》。本报告通过基于大数据的关联研究，较为系统地描述和总结了重庆市科技型企业的发展状况，为进一步大力培育科技型企业和精准施策提供智力支撑。

由于时间和水平有限，本报告难免有疏漏和不当之处，恳请批评指正！

《重庆市科技型企业年度发展报告（2019）》编委会

二○二○年二月

目 录

第一章 |
科技型企业发展特点

企业是创新活动的组织者、创新价值的创造者,科技型企业是创新活动的"先锋"、创新价值的"优等生"。2018年,重庆市关注企业创新,聚焦科技企业发展,进一步加大对科技企业的创新投入,积极推动科技企业走上创新发展的轨道,加强重点产业、重大项目扶持,强化科技创新资金的使用和管理,激发科技企业的内生动力,顺利度过转型发展的"阵痛期"并脱颖而出。同时,相关部门先后制订与出台了一系列以《重庆市科教兴市和人才强市行动计划(2018—2020年)》为代表的促进企业转型升级的政策措施,并加大对科技企业的培育力度,助推全市经济高质量发展。回顾2018年,重庆市科技型企业总数增加至11 026家,同比增长了64.0%,呈现出"稳、优、新"态势(图1.1)。

一、"稳":基本面好,增长保持稳健

科技型企业数量稳步增长,2018年,科技型企业突破1万家,达到11 026家,同比增长64.0%。其中,大中型企业数1 178家,占比10.7%;小型和微型企业9 848家,占比89.3%;规模以上工业企业2 163家,占比19.6%。主营业务收入达到500万元以上的企业4 321家,占比39.2%。发展质量明显提高,重庆市科技型企业总资产18 915.9亿元,同比增长54.4%;主营业务收入10 238.0亿元,同比增长22.5%;新产品(科技服务)销售收入4 707.9亿元,同比增长32.2%;纳税总额468.6亿元,同比增长8.7%;出口创汇438.2亿美元,同比增长214.5%。企业平均主营业务收入0.93亿元/家,净利润310.2万元/家,新产品(科技服务)销售收入0.43亿元/家,资产利润率达到1.8%。

二、"优":结构趋优,转型升级富有成效

科技型企业结构持续优化,第一产业、第二产业和第三产业分别有科技型企业1 785家、5 920家、3 321家,占比分别为16.2%、53.7%、30.1%,形成了以第二产业为主,第一产业和第三产业为辅的格局。

"一区两群"协调发展,全市科技型企业主要集聚在主城都市区,占全市总数的81.5%;渝东北三峡库区城镇群、渝东南武陵山区城镇群科技型企业数量增长幅度较大,同比增长68.4%与44.9%;两江新区和重庆高新区逐渐成为重庆市经济高质量发展的主要阵地,科技型企业总数分别达769家与626家,重点瞄准汽车、电子、装备、生物医药等支柱产业,大力实施以大数据智能化为引领的创新驱动发展战略行动计划,进一步促进传统产业转型升级。

三、"新"：新技术优势突出，大数据智能化引领创新

大数据智能化成为科技型企业创新发展的主要方向和阵地，智能产业实现跨越式发展。2018 年，全市科技型企业中，智能产业实现主营业务收入 5 718.9 亿元，同比增长 11.0%，占全市科技型企业的55.9%；研发经费支出 266.1 亿元，同比增长 12.7%，占全市科技型企业的 65.2%。从技术领域分布来看，先进制造与自动化、电子信息、高技术服务 3 个领域科技型企业 5 806 家，占比达到 52.7%，其中，先进制造与自动化领域科技型企业 2 684 家、主营业务收入 3 309.5 亿元、研发投入 174.1 亿元，占比分别为24.3%、32.3%、42.6%，成为智能产业发展的"排头兵"。

2018 年重庆市科技型企业发展总体概况如图 1.1 所示。

图 1.1　2018 年重庆市科技型企业发展总体概况

第二章
科技型企业培育情况分析

第一节 总体情况

一、科技型企业培育情况

2018 年新入库科技型企业 4 301 家，科技型企业总数达到 11 026 家，同比增加了 64%。其中，有效期内高新技术企业总数达到 2 504 家；高成长性科技企业 595 家，其中瞪羚企业 104 家，牛羚企业 491 家；民营科技型企业 10 919 家，占比达到 99.0%。

全市科技型企业主要集中分布在主城都市区，共 8 987 家，占比 81.5%；渝东北三峡库区城镇群和渝东南武陵山区城镇群科技型企业 2 039 家，占比 18.5%（图 2.1、图 2.2）。

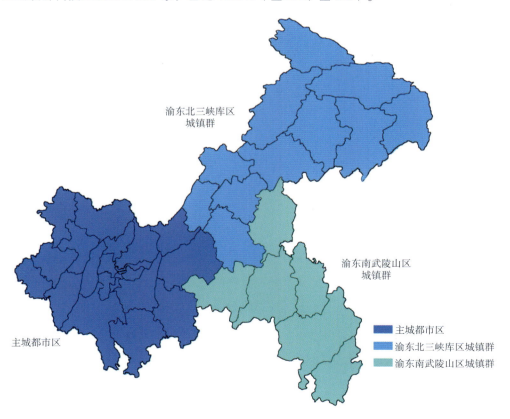

图 2.1 科技型企业"一区两群"分布图

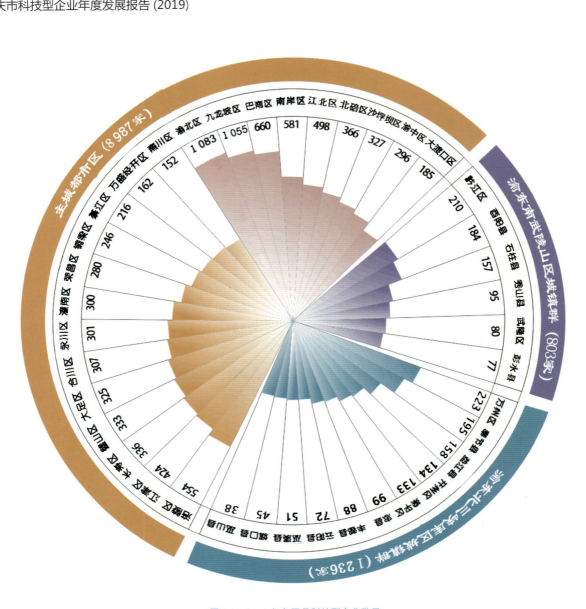

图 2.2　2018 年各区县科技型企业数量

　　从各区县培育情况看，2018 年各区县科技型企业平均数量上升至 282 家，平均新增加 110 家。数量排名前十位的区县分别是渝北区、九龙坡区、巴南区、南岸区、涪陵区、江北区、江津区、北碚区、长寿区和璧山区，共培育科技型企业 5 890 家，占比 53.4%（图 2.3）。

　　从主要经济数据看，2017—2018 年，科技型企业主营业务收入保持增长态势，增幅达 22.5%，2018 年，新产品（科技服务）收入 4 707.9 亿元，有效发明专利 10 783 件，如图 2.4 所示，2017—2018 年新产品（科技服务）收入在主营业务收入中占比接近 50%。有效发明专利数保持连续增长，2018 年增幅达到了 63%，企业研发投入的成果开始集中显现。2018 年科技型企业主营业务收入 TOP10 区县如图 2.5 所示，2018 年科技型企业有效专利数 TOP10 区县如图 2.6 所示。

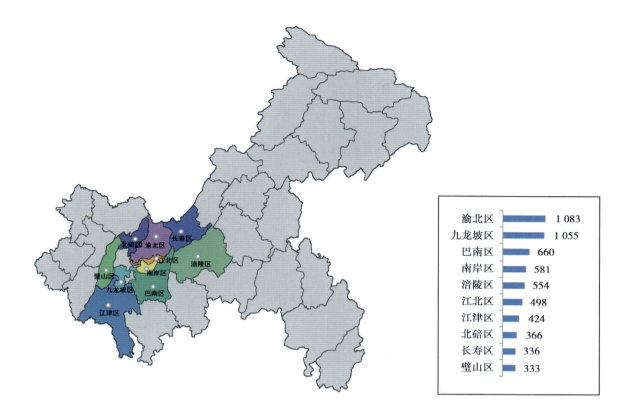

图 2.3　2018 年科技型企业数量 TOP10 区县（单位：家）

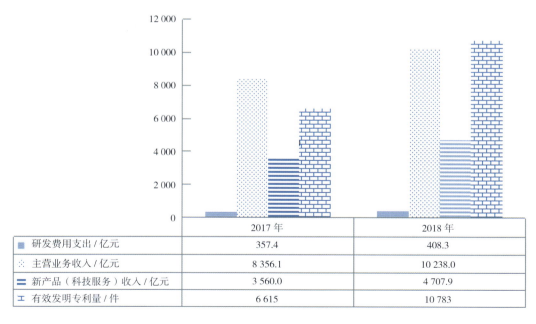

	2017 年	2018 年
■ 研发费用支出 / 亿元	357.4	408.3
∴ 主营业务收入 / 亿元	8 356.1	10 238.0
≡ 新产品（科技服务）收入 / 亿元	3 560.0	4 707.9
工 有效发明专利量 / 件	6 615	10 783

图 2.4　2017—2018 年科技型企业经济效益对比图

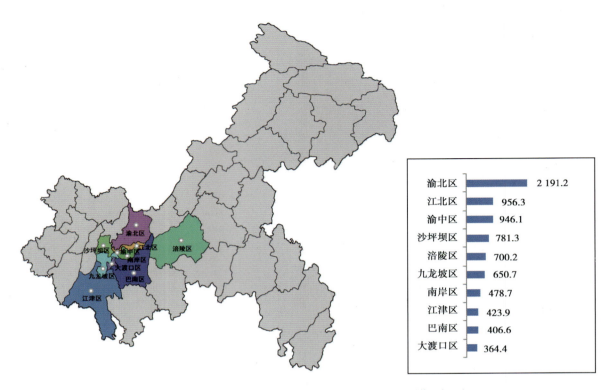

图 2.5　2018 年科技型企业主营业务收入 TOP10 区县（单位：亿元）

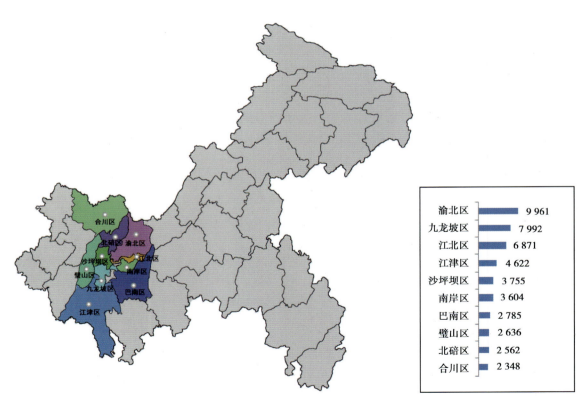

图 2.6　2018 年科技型企业有效专利数 TOP10 区县（单位：件）

二、民营科技型企业培育情况

2018 年，重庆市民营科技型企业的发展动力与活力加速释放，在稳增长、促发展、增就业等方面发挥了积极作用，已成为推动重庆经济社会发展的重要力量。全市民营科技型企业 10 919 家，占全市科技型企业总数的 99.0%。民营科技型企业全年主营业务收入 8 852.3 亿元，占全市科技型企业主营业务收入的86.5%；净利润达 316.3 亿元，占全市科技型企业净利润的 92.5%；拥有有效发明专利 8 788 件，占全市科技型企业有效发明专利量的 81.5%（图 2.7）。

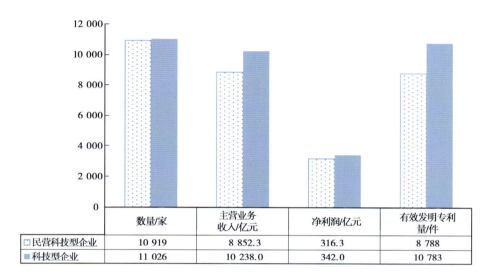

	数量/家	主营业务收入/亿元	净利润/亿元	有效发明专利量/件
□ 民营科技型企业	10 919	8 852.3	316.3	8 788
■ 科技型企业	11 026	10 238.0	342.0	10 783

图 2.7 民营科技型企业总体情况

三、重点区域发展情况

2018 年，两江新区有科技型企业 769 家，占全市科技型企业总数的 7%，同比增长 58.9%；主营业务收入 2 141.9 亿元，占全市科技型企业主营业务收入的 20.9%；新产品（科技服务）收入 1 124.1 亿元，占全市科技型企业新产品（科技服务）收入的 23.9%；净利润 63.3 亿元，占全市科技型企业净利润的18.5%。与主城各区相比，两江新区的科技型企业主营业务收入仅次于渝北区，同时新产品（科技服务）收入保持领先地位，有力支撑了重庆经济社会高质量发展。

重庆高新区有科技型企业 626 家，占全市科技型企业总数的 5.7%，同比增长 44.2%；主营业务收入359.9 亿元，同比增长 82.8%，占全市科技型企业主营业收入的 3.5%；新产品（科技服务）收入 168.8 亿元，同比增长 93.8%，占全市科技型企业新产品（科技服务）收入的 3.6%；净利润 17.7 亿元，同比增长69.8%，占全市科技型企业净利润的 5.2%。重庆高新区作为成渝城市群一体化联动发展重庆向西主战场，已逐渐成为创新驱动新引擎。

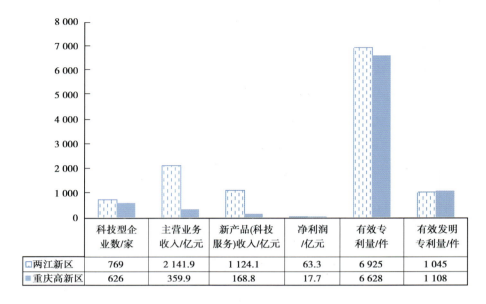

	科技型企业数/家	主营业务收入/亿元	新产品(科技服务)收入/亿元	净利润/亿元	有效专利量/件	有效发明专利量/件
两江新区	769	2 141.9	1 124.1	63.3	6 925	1 045
重庆高新区	626	359.9	168.8	17.7	6 628	1 108

图 2.8　两江新区与重庆高新区科技型企业情况图

第二节　区域、企业类型、产业和技术领域分布

一、区域分布

2018 年，全市科技型企业数量不断增加，同比增长 64%；各区科技型企业数量也有明显增加，具体如图 2.2 所示。

排名前五的渝北区、九龙坡区、巴南区、南岸区和涪陵区的科技型企业数量均超过了 500 家，科技型企业总数达 3 933 家，占全市总量的 35.7%；科技型企业数量介于 200~500 的区县包括江北区等 16 个区县；介于 100~200 的区县包括大渡口区等 9 个区县；小于 100 家的区县包括忠县等 9 个区县。科技型企业数量统计示例如图 2.9 所示，各区县科技型企业数量分布阶梯图如图 2.10 所示。

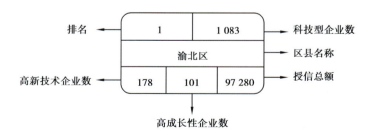

图 2.9　科技型企业数量统计示例

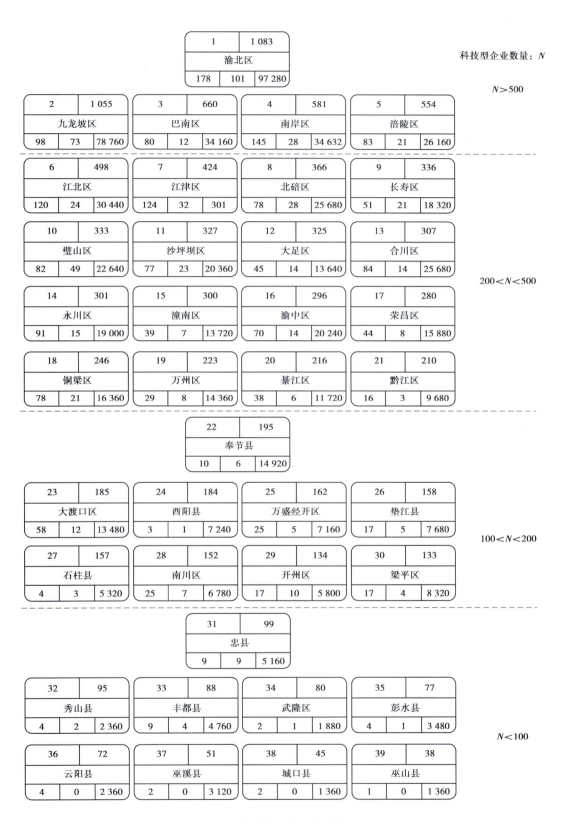

科技型企业数量：N

$N>500$

$200<N<500$

$100<N<200$

$N<100$

1	1 083
渝北区	
178	101	97 280

2	1 055		3	660		4	581		5	554
九龙坡区			巴南区			南岸区			涪陵区	
98	73	78 760	80	12	34 160	145	28	34 632	83	21	26 160

6	498		7	424		8	366		9	336
江北区		江津区		北碚区		长寿区	
120	24	30 440	124	32	301	78	28	25 680	51	21	18 320

10	333		11	327		12	325		13	307
璧山区		沙坪坝区		大足区		合川区	
82	49	22 640	77	23	20 360	45	14	13 640	84	14	25 680

14	301		15	300		16	296		17	280
永川区		潼南区		渝中区		荣昌区	
91	15	19 000	39	7	13 720	70	14	20 240	44	8	15 880

18	246		19	223		20	216		21	210
铜梁区		万州区		綦江区		黔江区	
78	21	16 360	29	8	14 360	38	6	11 720	16	3	9 680

22	195
奉节县	
10	6	14 920

23	185		24	184		25	162		26	158
大渡口区		酉阳县		万盛经开区		垫江县	
58	12	13 480	3	1	7 240	25	5	7 160	17	5	7 680

27	157		28	152		29	134		30	133
石柱县		南川区		开州区		梁平区	
4	3	5 320	25	7	6 780	17	10	5 800	17	4	8 320

31	99
忠县	
9	9	5 160

32	95		33	88		34	80		35	77
秀山县		丰都县		武隆区		彭水县	
4	2	2 360	9	4	4 760	2	1	1 880	4	1	3 480

36	72		37	51		38	45		39	38
云阳县		巫溪县		城口县		巫山县	
4	0	2 360	2	0	3 120	2	0	1 360	1	0	1 360

图 2.10　各区县科技型企业数量分布阶梯图

9

二、企业类型分布

全市科技型企业中，大型企业 185 家，中型企业 993 家，小型企业 6 581 家，微型企业 3 267 家（图 2.11）。其中，规模以上工业企业 2 163 家。按登记注册类型分，内资企业 10 965 家，占比达到 99.4%；港澳台商投资企业 37 家；外商投资企业 24 家。内资企业中，有限责任公司 9 762 家，占比 88.5%；此外，国有企业 108 家，集体企业 16 家，股份合作企业 57 家，联营企业 3 家，股份有限公司 386 家，私营企业 520 家，其他内资企业 113 家。

三、产业分布

全市科技型企业依旧保持以第二产业为主，第一和第三产业为辅的格局，其中，第一产业 1 785 家，第二产业 5 920 家，第三产业 3 321 家。各产业科技型企业数量保持稳步上升的趋势，三次产业结构进一步优化，第二产业比重从 2016 年的 64% 下降为 2018 年的 53.7%，第三产业比重从 2016 年的 23% 提升为 2018 年的 30.1%（图 2.12）。

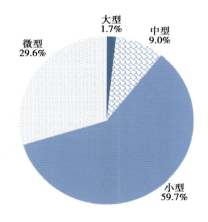
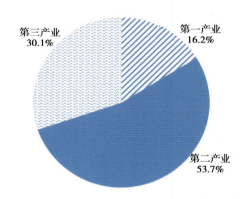

图 2.11　2018 年全市科技型企业规模分布图　　　　图 2.12　2018 年全市科技型企业产业分布图

小微企业已成为重庆市科技型企业发展的主力军。从图 2.13 可以看出，在各产业中，小微企业的数量均占据了绝对的优势，小微企业的活力和创新力得到进一步彰显。

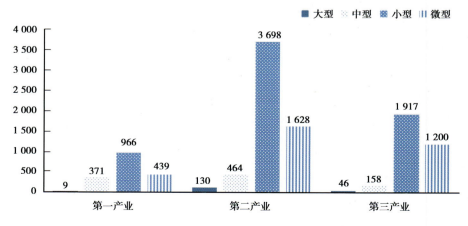

图 2.13　不同产业科技型企业规模分布图（单位：家）

四、技术领域分布

重庆市科技型企业在先进制造与自动化、电子信息、高技术服务、新材料、生物与新医药、新能源与节能、资源与环境、航空航天 8 大高新技术领域的数量占比分别为 24.5%、20.7%、18.0%、10.3%、9.7%、9.1%、4.3%、3.4%，其中，先进制造与自动化、电子信息、高技术服务领域合计占比达 63.2%。在数量上，先进制造与自动化和电子信息两个领域优势明显。

各技术领域中，先进制造与自动化领域主营业务收入遥遥领先，达到 3 309.5 亿元，占全市科技型企业主营业务收入的 32.3%；除其他领域外，其余依次为新材料、电子信息、高技术服务、新能源与节能、生物与新医药、资源与环境、航空航天，合计占比 54.2%（图 2.14）。

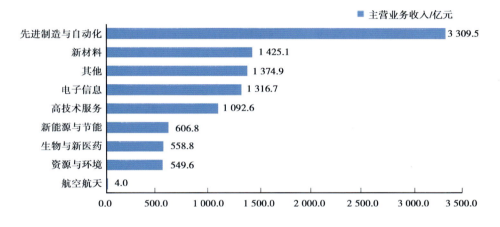

图 2.14　各技术领域科技型企业主营业务收入情况图

各技术领域科技型企业主营业务收入排名 TOP5 区县如图 2.15 所示。

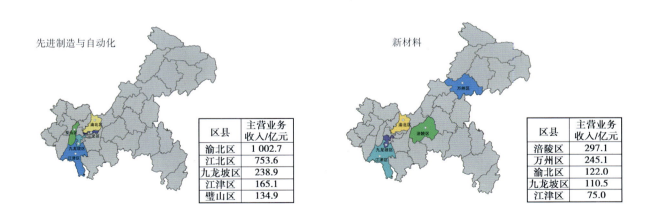

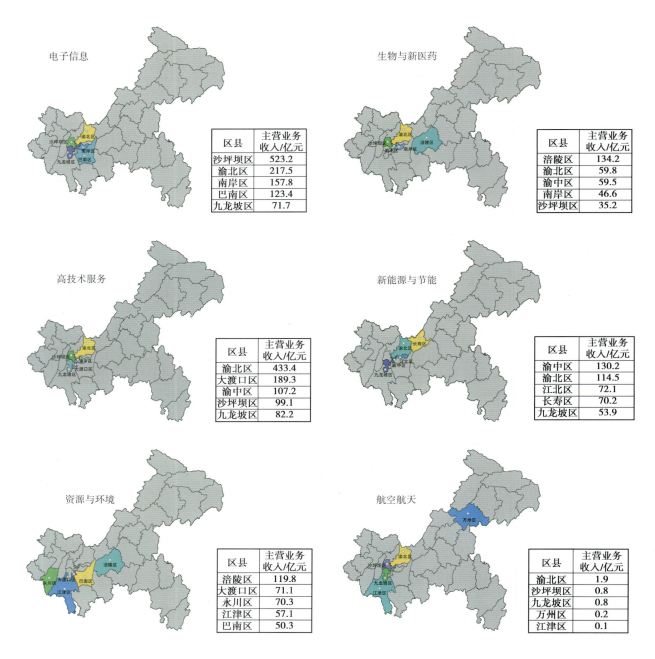

电子信息

区县	主营业务收入/亿元
沙坪坝区	523.2
渝北区	217.5
南岸区	157.8
巴南区	123.4
九龙坡区	71.7

生物与新医药

区县	主营业务收入/亿元
涪陵区	134.2
渝北区	59.8
渝中区	59.5
南岸区	46.6
沙坪坝区	35.2

高技术服务

区县	主营业务收入/亿元
渝北区	433.4
大渡口区	189.3
渝中区	107.2
沙坪坝区	99.1
九龙坡区	82.2

新能源与节能

区县	主营业务收入/亿元
渝中区	130.2
渝北区	114.5
江北区	72.1
长寿区	70.2
九龙坡区	53.9

资源与环境

区县	主营业务收入/亿元
涪陵区	119.8
大渡口区	71.1
永川区	70.3
江津区	57.1
巴南区	50.3

航空航天

区县	主营业务收入/亿元
渝北区	1.9
沙坪坝区	0.8
九龙坡区	0.8
万州区	0.2
江津区	0.1

图 2.15　各技术领域科技型企业主营业务收入 TOP5 区县

第三节　研发投入、产出和研发人员

一、研发投入

2018 年全市科技型企业创新活动活跃。全市开展研发活动的科技型企业有 10 979 家，有研发产出的科技型企业 4 233 家，占全部企业的 38.4%。从研发投入与产出上看，科技型企业研发成功率为 38.6%。科技型企业研发投入总额 408.3 亿元，同比增长 19.4%，研发投入强度 4.0%，其中规模以上的工业企业研发投入 315.1 亿元，占比 77.2%；研发经费内部支出 387.1 亿元，研发经费外部支出 21.2 亿元；拥有研发平台的科技型企业 412 家。

从不同规模企业研发投入上看，全市科技型企业研发投入的 73.1% 来自大中型企业，小微企业的研发投入占比由 2017 年的 23.6% 增长到 2018 年的 26.9%；小微型企业研发投入强度最大，达到 7.7%，大型与中型科技型企业研发投入强度分别为 3.2%、4.0%（图 2.16）。

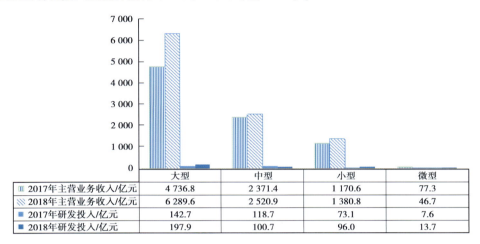

	大型	中型	小型	微型
2017年主营业务收入/亿元	4 736.8	2 371.4	1 170.6	77.3
2018年主营业务收入/亿元	6 289.6	2 520.9	1 380.8	46.7
2017年研发投入/亿元	142.7	118.7	73.1	7.6
2018年研发投入/亿元	197.9	100.7	96.0	13.7

图 2.16　2017 年及 2018 年全市科技型企业研发投入情况

二、研发产出

全市科技型企业拥有专有技术成果 83 276 件，其中有效专利量 66 291 件（有效发明专利量 10 783 件），计算机软件著作权 9 373 件，集成电路布图设计 13 件，新药证书 4 件，植物新品种 28 件，医疗器械注册证书 103 件，农业机械推广鉴定证书 28 件，动物新品种证书 17 件，高新技术产品数 7 419 件。有效专利量同比增长 31%，其中有效发明专利量增长 63%，高新技术产品数增长 27%，研发产出的成果愈加丰硕。

先进制造与自动化领域拥有有效专利数 32 322 件，占全市科技型企业有效专利总量的 48.8%；其中有效发明专利 5 004 件，占全市科技型企业有效发明专利总量的 46.4%。不同技术领域有效专利分布情况如图 2.17 所示。有效发明专利主要集中分布在主城都市区，占比达 96.0%；有效发明专利数量排名前五的区县为江北区、九龙坡区、渝北区、沙坪坝区、南岸区，均属于主城都市区，合计占比达到 54.4%（图 2.18）。

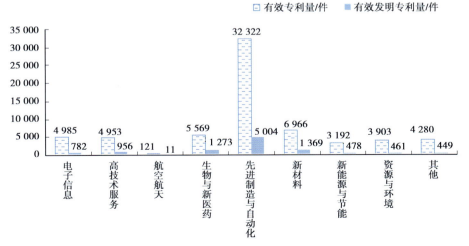

图 2.17　不同技术领域有效专利量分布情况

图 2.18　各区县有效发明专利情况

三、研发人员

2018 年全市科技型企业拥有研发人员约 20 万人，研发人员占从业人员（896 411 人）的比重为 22.3%。研发人员数排名前十的区县依次是渝北区、江北区、九龙坡区、南岸区、巴南区、北碚区、江津区、沙坪坝区、涪陵区、璧山区，合计占比 72.9%。研发人员数 TOP15 区县如图 2.19 所示。

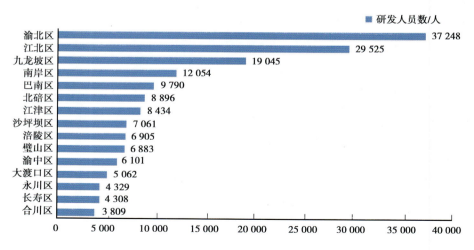

图 2.19　研发人员数 TOP15 区县

第四节　经济效益与社会贡献

一、经济效益

1. 经济效益稳步增长

2018 年全市科技型企业主营业务收入 10 238.0 亿元，同比增长 22.5%；净利润 342.0 亿元；纳税总额 468.6 亿元；出口总额 438.2 亿美元，增长幅度达 241.5%；新产品（科技服务）销售收入 4 707.9 亿元，同比增长 32.2%（图 2.20）。

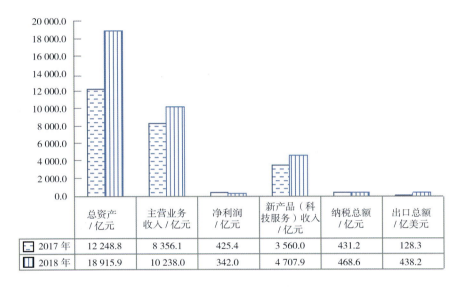

	总资产 /亿元	主营业务 收入/亿元	净利润 /亿元	新产品（科 技服务）收入 /亿元	纳税总额 /亿元	出口总额 /亿美元
2017 年	12 248.8	8 356.1	425.4	3 560.0	431.2	128.3
2018 年	18 915.9	10 238.0	342.0	4 707.9	468.6	438.2

图 2.20　2017 年及 2018 年经济效益对比图

从经济效益上来看，主城都市区优势较为明显。其中，主营业务收入排名前五的区县是渝北区、江北区、渝中区、沙坪坝区、涪陵区（图 2.5）；新产品（科技服务）收入排名前五的是渝北区、沙坪坝区、江北区、涪陵区、江津区（图 2.21）；净利润排名前五的是渝北区、涪陵区、九龙坡区、南岸区、沙坪坝区（图 2.22）。

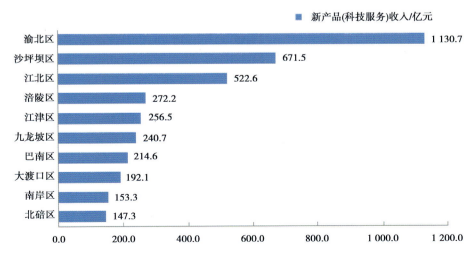

图 2.21　新产品（科技服务）收入 TOP10 区县

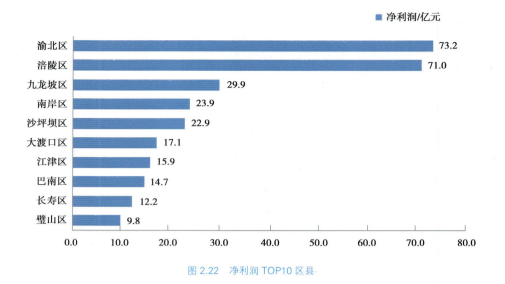

图 2.22 净利润 TOP10 区县

2. 先进制造与自动化领域企业税收贡献较大

从科技型企业各技术领域的平均纳税额来看（图 2.23），2018 年先进制造与自动化领域纳税贡献最大，达 143.1 亿元，其次是新材料、生物与新医药、高技术服务、电子信息领域，分别为 45.2 亿元、42.0 亿元、38.6 亿元、38.1 亿元；从行业来看，汽车制造行业税收贡献较大，缴纳税款为 107.0 亿元。

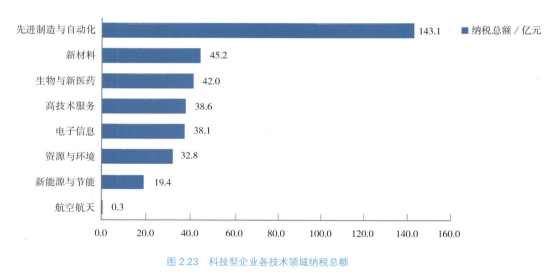

图 2.23 科技型企业各技术领域纳税总额

二、就业贡献

科技型企业发展有效带动了全市人员的就业。2018 年，重庆市科技型企业从业总人数 896 411 人，新增从业人数 76 271 人，平均每家企业从业人数 81 人；全市科技型企业研发人员总数达 199 635 人，同比增长 22.3%（图 2.24）。

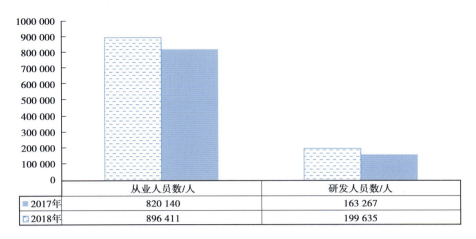

图 2.24　2017 年及 2018 年科技型企业从业人员与研发人员数

三、创新贡献

1. 研发产出成果丰硕

2018 年，全市科技型企业有效专利量 66 291 件，同比增长 31%，其中有效发明专利量 10 783 件，同比增长 63%，高新技术产品 7 419 件，同比增长 27%，研发产出的成果愈加丰硕。大型科技型企业拥有专利数 15 939 件，平均拥有专利 86 项。科技研发成果集中在先进制造与自动化、新材料、生物与新医药等领域，在先进制造与自动化领域中，制造业的有效发明专利量 3 940 件（图 2.25），占先进制造与自动化领域有效发明专利量的 78.7%，占全市科技型企业有效发明专利量的 36.5%。

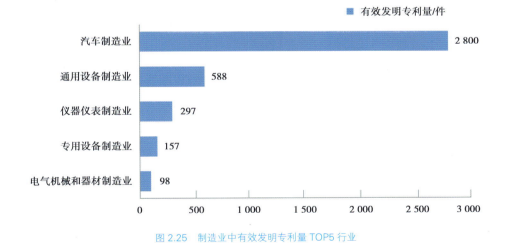

图 2.25　制造业中有效发明专利量 TOP5 行业

2. 研发活动活跃

2018 年全市开展了研发活动的科技型企业有 10 979 家，38.4% 的科技型企业拥有研发产出成果。其中，大型企业研发经费投入为 197.9 亿元，中型企业研发经费投入为 100.7 亿元，小微企业研发经费投入为 109.7 亿元，大型企业、小微企业研发投入年均增长分别为 38.7%、35.9%，科技型企业创新活力进一步凸显。

从研发强度来看，全市科技型企业研发强度 TOP10 区县分别为石柱县、巫山县、武隆区、奉节县、酉阳县、江北区、垫江县、北碚区、巫溪县、合川区（图 2.26）。

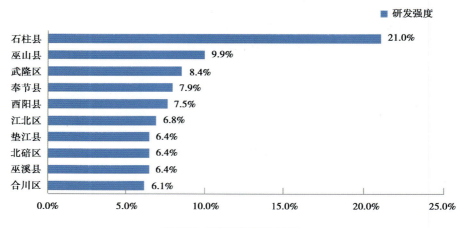

图 2.26　研发强度 TOP10 区县

第三章

重点产业科技型企业发展分析

第一节　集成电路产业

集成电路产业是国之重器，事关国家安全和国民经济命脉，是国家战略性、基础性和先导性产业，是重庆大数据智能化发展的基础产业。2017年我国集成电路产业销售收入突破5 000亿元，同比增长23.5%。其中，IC设计业占产业链整体产值的38%；芯片制造业占27%；封装测试业占35%。与此同时，国内集成电路主要依赖进口的局面依然没有改变，2017年我国集成电路进口额高达2 601亿美元，同比增长14.6%。

一、重庆集成电路产业发展概况

重庆是国内发展集成电路产业最早的城市之一，我国第一块大规模集成电路芯片，就出自位于永川的中国电子科技集团公司第二十四研究所。随着大数据智能化发展战略的推进，市政府对集成电路产业给予了前所未有的政策和资金支持。在芯片设计领域，重庆西南集成电路设计有限公司、重庆中科芯亿达电子有限公司等本地企业在射频、驱动、功率等模拟及数模混合IC设计方向具备一定实力，同时成功引进锐迪科、弗瑞思科等发展通信、数据传输等IC设计业务；在制造领域，重庆拥有中国电子科技集团有限公司两条6英寸军民融合芯片生产线，华润微电子（重庆）有限公司8英寸功率及模拟芯片生产线，以及万国半导体科技有限公司12英寸电源管理芯片生产线及封测线；在封装测试及原材料配套领域，SK海力士公司在渝建设其全球最大封装测试基地，重庆平伟实业股份有限公司、重庆市嘉凌新科技有限公司等企业从事功率器件封装测试。数据显示，2017年重庆市集成电路产业实现产值180.6亿元，同比增长46.6%；产量4.6亿块，同比增长38.5%。

新形势下，为进一步提升集成电路产业技术创新能力和水平，培育经济发展新动能，推动经济高质量发展，重庆市相继出台《重庆市加快集成电路产业发展若干政策》（渝府办发〔2018〕121号）与《重庆市集成电路技术创新实施方案（2018—2022年）》（渝府办发〔2018〕136号），明确提出，到2022年，重庆集成电路产业销售收入突破1 000亿元，实现装备材料100亿元、设计企业200亿元、封装测试300亿元、生产制造400亿元的千亿量级的目标，将重庆打造成为"中国集成电路创新高地"，射频集成电路、模拟集成电路和功率半导体技术处于国内领先水平，集成电路产业进入国家第一"方阵"，成为汽车、电子等行业的国家集成电路应用示范基地。

二、集成电路产业创新链分析

（一）科技人才

1. 总体情况

截至 2018 年，重庆集成电路产业从业人员数超过 2 万人，同比增长 14.0%，但研发人员数同比减少 16.3%，如图 3.1 所示。

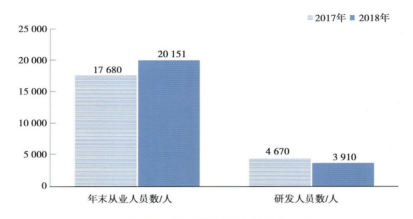

图 3.1　集成电路产业从业人员总体情况

在集成电路产业中，研发人员 200 人以上的企业有惠科金渝光电科技有限公司、重庆莱宝科技有限公司、奥特斯科技（重庆）有限公司、重庆惠科金扬科技有限公司、重庆金赣科技股份有限公司等 5 家，研发人员 100~200 人的企业有重庆平伟实业股份有限公司、重庆蓝岸通讯技术有限公司、重庆西南集成电路设计有限公司、华润微电子（重庆）有限公司、重庆中科渝芯电子有限公司、重庆市天实精工科技有限公司等 6 家。如重庆惠科金渝光电科技有限公司，有研发人员 528 人、高层次科技人才 2 名，研发人员占从业人员的比重为 25.9%，其通过自主芯片开发，成功研发出了应用于高清及超高清液晶电视、监视器、笔记本液晶显示器的驱动芯片，实现主营业务收入 56.5 亿元，净利润 3.7 亿元。

2. 高层次人才

截至 2018 年，集成电路产业共拥有高层次科技人才 38 名，企业、高校与科研院所分别占 44.7%、39.5% 与 15.8%。高层次人才类别中国家杰出青年科学基金获得者、国家"千人计划"人选、国家"万人计划"人选相对较多，分别有 13 名、10 名与 7 名，各占 34.2%、26.3% 与 18.4%；享受国务院政府特殊津贴人员 3 名、"鸿雁计划"人选 2 名，各占 7.9% 与 5.3%；中国工程院院士、"973"首席科学家、"863"首席科学家各有 1 名，占比均为 2.6%，见表 3.1。

表 3.1　高层次人才分布情况

人才类别	单位性质			
	高　校	院　所	企　业	小　计
中国工程院院士	1	0	0	1
国家"万人计划"人选	2	1	4	7

续表

人才类别	单位性质			
	高　校	院　所	企　业	小　计
国家"千人计划"人选	4	3	3	10
"973"首席科学家	1	0	0	1
"863"首席科学家	1	0	0	1
国家杰出青年科学基金获得者	6	2	5	13
享受国务院政府特殊津贴人员	0	0	3	3
"鸿雁计划"人选	0	0	2	2
合计	15	6	17	38

据统计，38名高层次人才集中分布在27家科研实力较强的单位中，其中重庆大学与重庆邮电大学分别拥有高层次人才6名和5名，占15.8%和13.2%；重庆航天工业公司、重庆惠科金渝光电科技有限公司分别有高层次人才2名；重庆电子工程职业学院、西北工业大学重庆科创中心、重庆光电信息研究院等其余23家单位各有高层次人才1名。

3.产业链分布

集成电路产业中成品测试与芯片制造企业研发人员数量相对较多，分别占产业研发人员总数的74.8%与20.4%；IC设计、芯片封装企业研发人员数量较少，分别占2.6%与2.3%。企业拥有高层次科技人才17人，其中10人集中在IC设计领域，占58.8%，如图3.2所示。

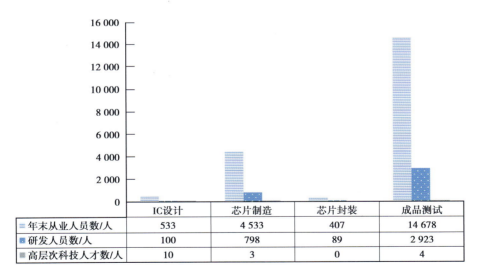

	IC设计	芯片制造	芯片封装	成品测试
年末从业人员数/人	533	4 533	407	14 678
研发人员数/人	100	798	89	2 923
高层次科技人才数/人	10	3	0	4

图3.2　集成电路产业链人才团队分布情况

（二）科研机构

1.总体情况

集成电路产业共有科研机构31家，主要类型为高校、科研院所与新型研发机构。其中，新型研发机构数量最多，共有 20 家，占比为 64.5%；高校 6 家，占 19.4%；科研院所 5 家，占 16.1%（图 3.3）。2019 年以来，新引进了西北工业大学重庆科创中心、北京理工大学重庆创新中心、英特尔公司 FPGA 中国创新中心、中科院计算所西部高等技术研究院 4 家（主要涉及 IC 设计研究），以及重庆智能机器人研究院（主要涉及成品测试研究）等新型高端研发机构，迅速增强了集成电路产业的创新能力。

近两年，重庆市新型研发机构发展速度较快，有效弥补了集成电路产业创新资源尤其是高端研发资源的不足。已有重庆浪尖智能科技研究院有限公司、重庆平伟伏特集成电路封测应用产业研究院有限公司、星际（重庆）智能装备技术研究院有限公司、北斗民用战略新兴产业研究院、恒睿（重庆）人工智能技术研究院有限公司、重庆重邮汇测通信技术有限公司等 20 家新型研发机构，其中 12 家为新型高端研发机构。

2. 产业链分布

集成电路产业中，研究成品测试的科研机构数量最多，共有 15 家，占 48.4%；研究 IC 设计的科研机构 8 家，占 25.8%；开展芯片制造、芯片封装研究的科研机构各有 4 家，占比均为 12.9%（图 3.4）。开展 IC 设计研究的机构有重庆科技学院、赛宝工业技术研究院、重庆先进光电显示技术研究院等；开展芯片制造研究的机构有重庆大学、中国电子科技集团公司第二十四研究所、第二十六研究所等；开展芯片封装研究的机构有重庆邮电大学、中国科学院重庆绿色智能技术研究院等；开展成品测试研究的机构有重庆理工大学、重庆平伟伏特集成电路封测应用产业研究院、星际（重庆）智能装备技术研究院等。

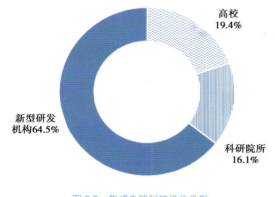

图 3.3　集成电路科研机构类型

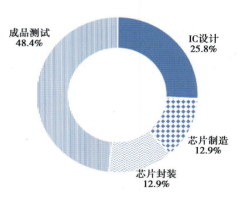

图 3.4　集成电路产业链科研机构分布

（三）研发平台

1. 总体情况

集成电路产业共有研发平台 40 个，其中，国家级研发平台 4 个，市级研发平台 36 个，分别占 10% 与 90%。在国家级平台方面，有重点实验室 1 个，企业技术中心 2 个，工程研究中心 1 个。在市级平台方面，有重点实验室 8 个，工程技术研究中心 21 个，院士专家工作站 3 个，博士后科研流动（工作）站 3 个，海外高层次人才创业基地 1 个（图 3.5）。

近年来，重庆市不断做大研发平台建设增量、盘活存量，取得了良好效果，拥有模拟集成电路重点实验室、新型微纳器件与系统国防重点学科实验室、国家功率半导体封测高新技术产业化基地、重庆平伟实业股份有限公司技术中心等科研平台 40 个。

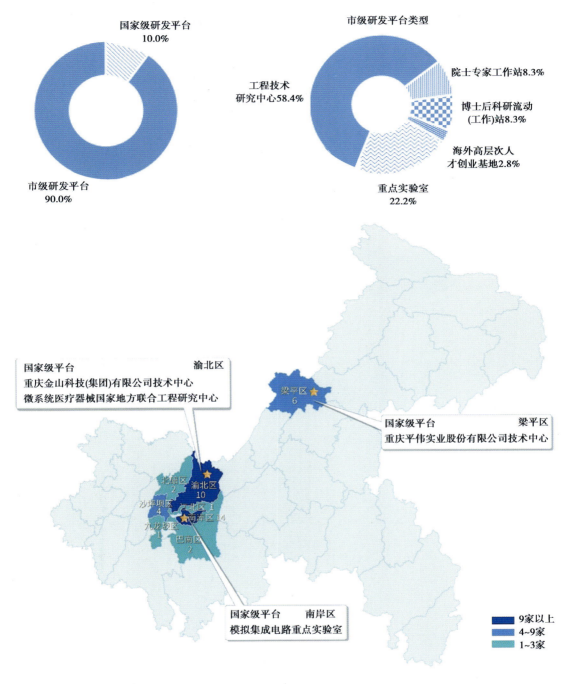

图 3.5 集成电路研发平台类型及区县分布

2. 产业链分布

集成电路研发平台主要分布在产业链两端，即 IC 设计与成品测试环节，各占 65% 与 27.5%。从事 IC 设计的研发平台有模拟集成电路重点实验室、重庆金山科技（集团）有限公司技术中心、非线性电路与智能信息处理实验室等 26 个；从事成品测试的研发平台有重庆市轨道交通信息系统集成工程技术研究中心、重庆市嵌入式软件测评工程技术研究中心、北斗射频 RFIC 研发中心等 11 个。芯片制造与芯片封装环节研发平台数量较少，分别占 2.5% 与 5%。国家级平台与市级平台在分布上略有差别，国家级平台主要集中在 IC 设计环节，占国家级平台总数的 75%；市级平台主要集中在 IC 设计与成品测试两个环节，分别占市级平台总数的 63.9% 与 30.6%，如图 3.6 所示。

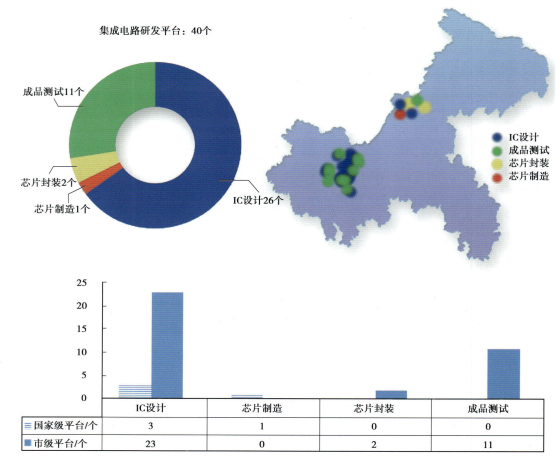

	IC设计	芯片制造	芯片封装	成品测试
国家级平台/个	3	1	0	0
市级平台/个	23	0	2	11

图 3.6　集成电路产业链研发平台分布

（四）专利

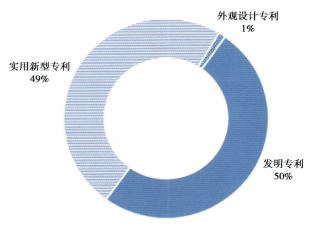

图 3.7　集成电路专利结构分析

1. 总体情况

截至 2018 年，集成电路产业专利授权总数为 714 件，主要为发明专利和实用新型专利，分别有 358 件与 348 件，各占 50% 与 49%，另有少量外观设计专利，占 1%（图 3.7）。从专利权人上看，中国电子科技集团公司第二十四研究所、第二十六研究所、第四十四研究所，重庆平伟实业股份有限公司、中航（重庆）微电子有限公司 5 家单位共获得专利授权 422 件，占集成电路专利授权总数的 59.1%。

2. 产业链分布

集成电路产业中芯片制造类专利数量最多，有 430 件，占比为 60.2%；其次为 IC 设计专利，有 215 件，占比为 30.1%；芯片封装、成品测试专利相对较少，分别有 31 与 38 件，各占 4.3% 与 5.3%，如图 3.8 所示。

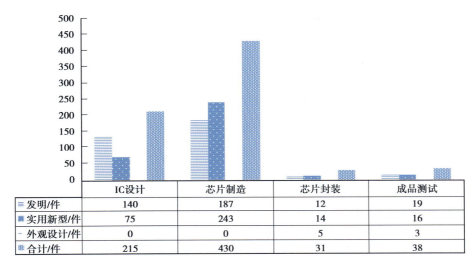

	IC设计	芯片制造	芯片封装	成品测试
发明/件	140	187	12	19
实用新型/件	75	243	14	16
外观设计/件	0	0	5	3
合计/件	215	430	31	38

图 3.8　集成电路产业链专利分布

（五）科技企业

1. 总体情况

截至 2018 年，重庆市科技型企业中从事集成电路行业的有 101 家，其中分布在主城区的有 51 家，占全市总数的 50.5%（图 3.9）。其中，主营业务收入 2 000 万元以上的企业 25 家，占比为 24.8%；有效期内高新技术企业 32 家，占比为 31.7%。

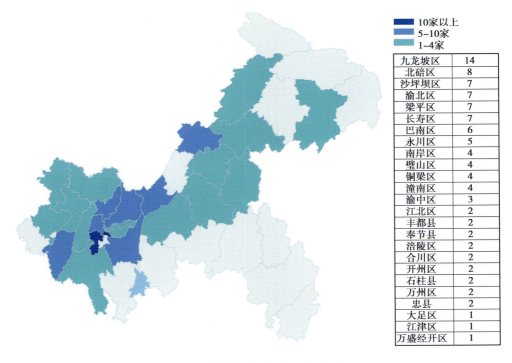

10家以上	
5~10家	
1~4家	

九龙坡区	14
北碚区	8
沙坪坝区	7
渝北区	7
梁平区	7
长寿区	7
巴南区	6
永川区	5
南岸区	4
璧山区	4
铜梁区	4
潼南区	4
渝中区	3
江北区	2
丰都县	2
奉节县	2
涪陵区	2
合川区	2
开州区	2
石柱县	2
万州区	2
忠县	2
大足区	1
江津区	1
万盛经开区	1

图 3.9　集成电路科技型企业区县分布

集成电路企业普遍重视研发工作，有73家开展了各种形式的研发活动，占企业总数的72.3%，研发投入总额13.6亿元。有52家企业获得了专利等研发成果，占企业总数的51.5%。从研发投入与产出上看，企业研发成功率为71.2%。2018年研发投入排名前5的企业分别是惠科金渝光电科技有限公司、重庆惠科金扬科技有限公司、重庆莱宝科技有限公司、重庆西南集成电路设计有限公司与华润微电子(重庆)有限公司，研发投入总额6.8亿元，占集成电路企业研发投入总额的50.1%。

2.产业链分布

集成电路科技企业主要集中在成品测试领域，共有79家，占比高达78.2%。而芯片制造、芯片封装、IC设计企业数量较少，分别有11家、6家与5家，合计占比21.8%（图3.10）。IC设计领域有重庆西南集成电路设计有限公司、紫光展锐（重庆）科技有限公司、重庆物奇科技有限公司、重庆渝芯微信息技术有限公司、中科芯亿达电子有限公司、重庆伟特森电子科技有限公司、锐迪科（重庆）微电子科技有限公司、原璟科技（重庆）有限公司、雅特力科技（重庆）有限公司、弗瑞思科（重庆）半导体有限公司、重庆烈达半导体有限公司等企业，涉及功率、射频、通信、驱动、物联网、数据传输、微控制器等领域。封装测试领域有重庆平伟实业股份有限公司、SK海力士半导体（重庆）有限公司、重庆市嘉凌新科技有限公司等企业，建成了存储芯片、功率器件封装测试线。

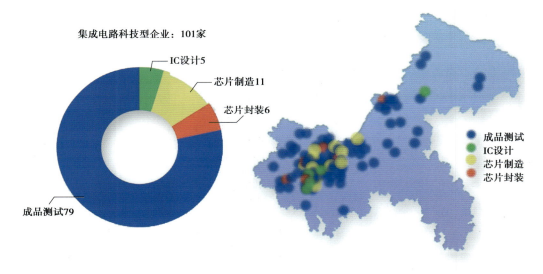

图 3.10　集成电路产业链科技型企业分布

（六）科研项目

1.资助项目类型

2017—2018年，集成电路产业共获得科研项目立项支持278项，获得财政资助经费约5.2亿元。项目类别主要为基础研究与前沿探索、技术创新与应用发展、科技人才专项以及科技研发平台专项4大类。在集成电路相关的科研项目中，基础研究与前沿探索类项目数量最多，有142项，占比为51.1%；技术创新与应用发展类项目有 116 项，占 41.7%；科技研发平台专项与科技人才专项数量相对较少，分别有 15 项与 5 项，各占 5.4% 与 1.8%，如图 3.11 所示。

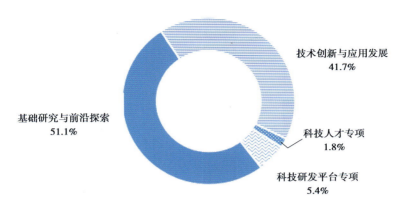

图 3.11　集成电路相关科研项目分布情况

不同计划类别的科研项目资助经费总额有所差别，技术创新与应用发展类项目资助经费最高，达 3.92 亿元，占资助经费总额的 75.5%，平均 338 万元／项；科技研发平台专项资助经费 1.12 亿元，占 21.6%，平均高达 746.7 万元／项；基础研究与前沿探索项目资助经费 1 260 万元，占 2.4%，平均仅为 8.9 万元／项；科技人才专项资助经费 250 万元，占 0.5%，平均 50 万元／项，如图 3.12 所示。

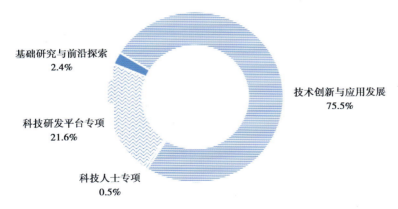

图 3.12　集成电路相关科研项目资助经费分布情况

2. 产业链分布

集成电路相关科研项目主要分布在产业链的两端，其中支持成品测试研究的科研项目数量最多，有 147 项，占 52.9%；支持 IC 设计的科研项目 95 项，占项目总数的 34.2%；支持芯片封装的科研项目 33 项，占比为 11.9%；芯片制造项目仅 3 项，占 1.0%（图 3.13）。

集成电路领域共获得项目资助经费约 5.2 亿元，其中成品测试领域获得的资助经费最多，共计 3.2 亿元，占经费总额的 61.5%；芯片封装领域获得资助经费 1.5 亿元，占 28.8%；IC 设计与芯片制造领域分别获得资助经费 0.4 亿元与 0.1 亿元，各占 7.7% 与 2.0%，如图 3.14 所示。

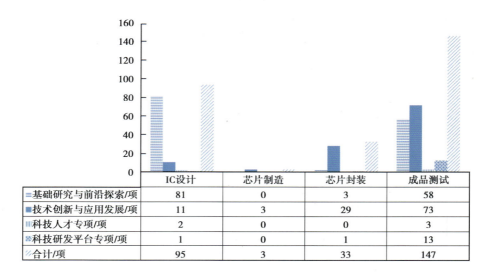

	IC设计	芯片制造	芯片封装	成品测试
▤基础研究与前沿探索/项	81	0	3	58
▮技术创新与应用发展/项	11	3	29	73
⦀科技人才专项/项	2	0	0	3
▨科技研发平台专项/项	1	0	1	13
▧合计/项	95	3	33	147

图 3.13　集成电路产业链科研项目分布

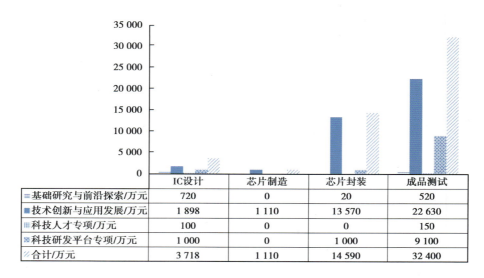

	IC设计	芯片制造	芯片封装	成品测试
▤基础研究与前沿探索/万元	720	0	20	520
▮技术创新与应用发展/万元	1 898	1 110	13 570	22 630
⦀科技人才专项/万元	100	0	0	150
▨科技研发平台专项/万元	1 000	0	1 000	9 100
▧合计/万元	3 718	1 110	14 590	32 400

图 3.14　集成电路产业链科研项目经费分布

第二节　汽车产业

　　制造产业是实体经济的主体，是立市之本、兴市之器、强市之基。重庆市汽车产业经过多年发展，已成为重要的支柱产业，呈现出集群优势突出、产品谱系较为完善、产业生态持续优化的发展趋势，对推动经济社会发展发挥了积极带动作用。2019 年在国内汽车行业低迷的背景下，重庆汽车产业开始呈现"筑底"态势，1—4 月全市汽车产量、产值降幅分别较一季度收窄 0.7% 与 0.3%。与此同时，新动能新增长点正加速涌现。新能源汽车产量同比增长 32.6%，智能网联汽车产量同比增长 10%。新能源汽车和智能网联汽车已成为重庆汽车产业转换动力、实现高质量发展的主要突破口。

一、重庆汽车产业发展概况

　　重庆作为中国的汽车城，诞生了新中国第一辆自制吉普车。20 世纪 60 年代轰轰烈烈的"三线建设"，进一步驱动了重庆汽车工业加速。改革开放以来，尤其是 1997 年成为西部唯一直辖市后，重庆汽车工业驶上了发展快车道，成长为名副其实的支柱产业。2014 年，重庆汽车产量突破 260 万辆，成为全国最大的汽车生产基地；2016 年，重庆汽车产量达 315.62 万辆，产值近 5 400 亿元，成为全国唯一汽车年产量超过 300 万辆的城市。截至 2018 年，重庆市共拥有汽车生产企业 41 家，其中整车生产企业 21 家，专用车生产企业 20 家。全市规模以上汽车零部件企业近千家，汽车零部件本地化配套率超过 70%。形成了以长安汽车为龙头，长安福特、上汽依维柯红岩、上汽通用五菱、东风小康、北京现代、华晨鑫源、力帆、庆铃、潍柴嘉川、恒通等 10 多家整车企业为骨干，1 000 余家配套企业为支撑的"1+10+1000"汽车产业集群。

新形势下，为进一步提升汽车产业的创新能力和水平，重庆市出台了《重庆市人民政府办公厅关于加快汽车产业转型升级的指导意见》（渝府办发〔2018〕183 号），其明确提出，到 2020 年，全市汽车产业转型升级初见成效；到 2022 年，全市汽车产业在全国的领先地位进一步巩固，成为全国重要的新能源和智能网联汽车研发制造基地。

二、汽车产业分析

（一）总体情况

2018 年，全市科技型企业中，汽车制造企业 872 家，占全市总量的 7.9%；主营业务收入 2 396.1 亿元，占全市总量的 23.4%；净利润 34.5 亿元，占全市总量的 10%。

（二）分布情况

1.区域分布

全市科技型企业中，汽车制造企业主要分布在主城都市区，合计 846 家，占比高达 97%（图 3.15）。在各区县中，企业数量排名前六的分别是巴南区（119 家）、渝北区（119 家）、璧山区（78 家）、大足区（75 家）、九龙坡区（72 家）及江津区（67 家），合计占比 62.6%（图 3.16）。

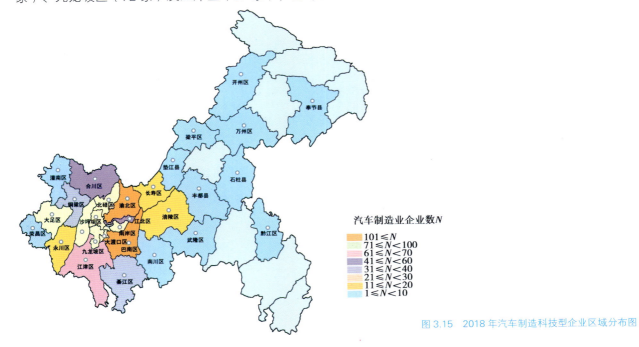

汽车制造业企业数 N
- 101 ≤ N
- 71 ≤ N < 100
- 61 ≤ N < 70
- 41 ≤ N < 60
- 31 ≤ N < 40
- 21 ≤ N < 30
- 11 ≤ N < 20
- 1 ≤ N < 10

图 3.15　2018 年汽车制造科技型企业区域分布图

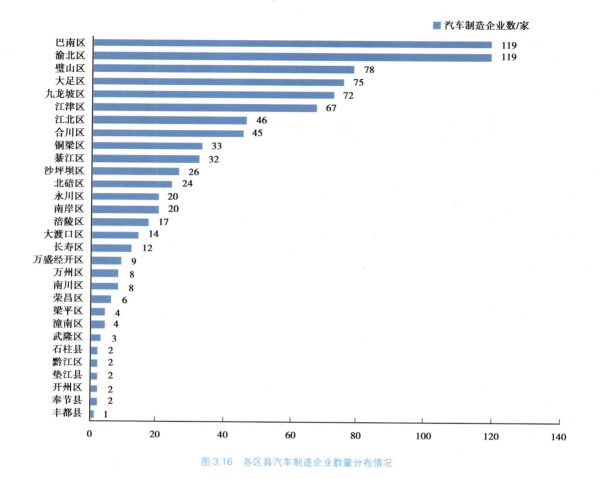

图 3.16　各区县汽车制造企业数量分布情况

2. 企业类型分布

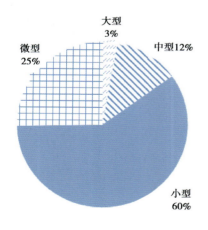

图 3.17　汽车制造企业规模分布情况

从企业类型分布看，全市科技型企业中，汽车制造企业中，大型企业 23 家，中型企业 108 家，小型企业 520 家，微型企业 221 家（图 3.17）。

（三）研发创新

1. 研发投入

全市科技型企业中，汽车制造企业研发投入总额 129.6 亿元，研发投入强度为 5.4%，高于全市平均水平。有研发活动的企业 870 家，有研发产出的企业 541 家，占总数的 62.0%，企业研发成功率为 62.2%。产业研发平台主要分布在渝北区、璧山区、江北区、南岸区、九龙坡区等 19 个区县（图 3.18）。

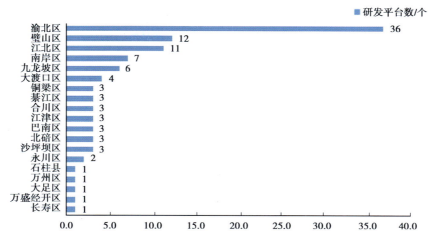

图 3.18　汽车制造企业研发平台区域分布情况

2. 研发产出

全市科技型企业中，汽车制造企业研发创新水平较高，拥有专有技术成果 16 562 件，平均每家企业拥有专有技术成果 19.0 件，其中有效发明专利 2 920 件，占全市总量的 27.1%，平均每家企业拥有 3.3 件有效发明专利；计算机软件著作权 152 件，高新技术产品数 1 612 件。

3. 研发人员

全市科技型企业中，汽车制造企业拥有研发人员 50 522 人，占全市科技型企业研发人员的比重为 25.3%。其中研发人员数量排名前十的区县依次是江北区、渝北区、璧山区、巴南区、九龙坡区、合川区、江津区、涪陵区、沙坪坝区、铜梁区，合计占比达 89.0%（图 3.19）。

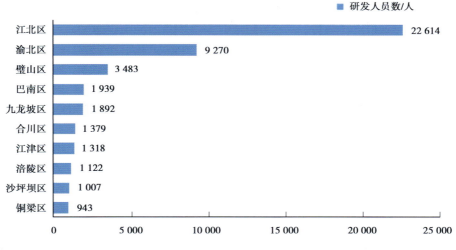

图 3.19　研发人员数 TOP10 区县

（四）经济效益与社会贡献

2018 年，全市科技型企业中，汽车制造企业资产总额 3 371.7 亿元，占全市科技型企业总资产的 17.8%；主营业务收入 2 396.1 亿元，占全市科技型企业主营业务收入的 23.4%；研发投入 129.6 亿元，占全市科技型企业研发投入的 31.7%；有效发明专利 2 920 件，占全市科技型企业有效发明专利的 27.1%；净利润 34.5 亿元，纳税总额 107.0 亿元，出口总额 19.3 亿美元，新产品（科技服务）销售收入 1474.6 亿元。主城都市区汽车制造企业经济效益情况如图 3.20 所示。

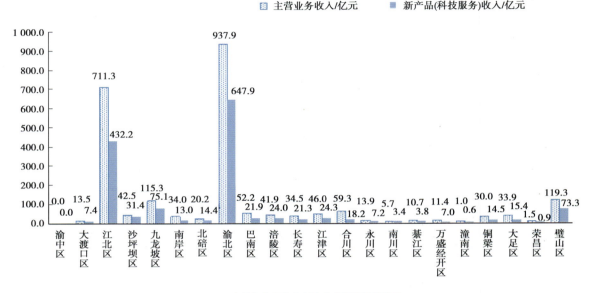

图 3.20　主城都市区汽车制造企业经济效益情况

第三节　研发投入百强企业

　　轻资产、重知识是科技型企业的典型特征，"重知识"依赖于研发的持续投入及转化。为更好地分析科技型企业发展的现实基础和发展潜力，找准重庆科技型企业发展的风向标，特选取研发投入前 100 的科技型企业作进一步分析，以便更为直观地了解重庆市科技型企业的发展趋势。

一、总体概况

　　2018 年，研发投入百强企业的研发费用支出达 204.1 亿元，占全市科技型企业研发费用支出的 50.0%；主营业务收入达 5 483.3 亿元，占全市科技型企业主营业务收入的 53.6%；新产品（科技服务）收入达 2 702.0 亿元，占全市科技型企业新产品（科技服务）收入的 57.4%。

　　在研发投入百强企业中，研发投入大于 1 亿元的企业占 51%，其中，研发投入 TOP10 企业分别为重庆长安汽车股份有限公司、长安福特汽车有限公司、中国移动通信集团重庆有限公司、中铁十一局集团第五工程有限公司、中冶建工集团有限公司、重庆万达薄板有限公司、奥特斯科技（重庆）有限公司、西南铝业（集团）有限责任公司、中交二航局第二工程有限公司、北汽银翔汽车有限公司，研发投入 103.3 亿元，占研发投入百强企业研发投入总额的 50.6%。

　　研发投入百强企业主营业务收入 TOP10 区县、研发费用支出 TOP10 区县、新产品（科技服务）收入 TOP10 区县、净利润 TOP10 区县如图 3.21～图 3.24 所示。

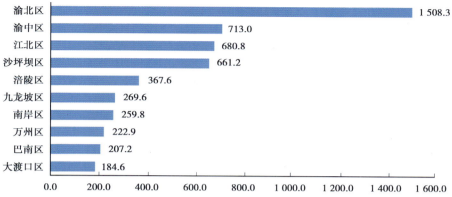

图 3.21 研发投入百强企业主营业务收入 TOP10 区县

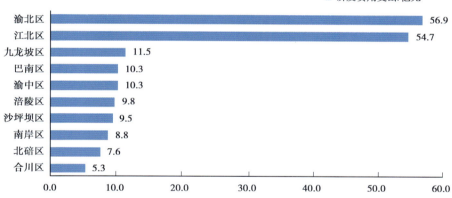

图 3.22 研发投入百强企业研发费用支出 TOP10 区县

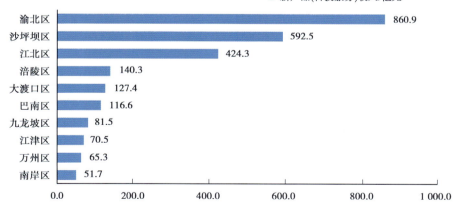

图 3.23 研发投入百强企业新产品（科技服务）收入 TOP10 区县

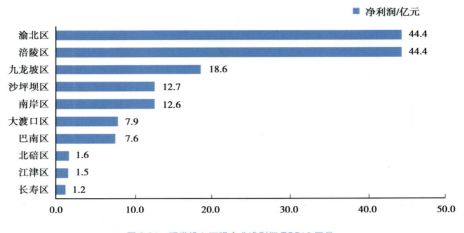

图 3.24 研发投入百强企业净利润 TOP10 区县

表 3.2 为研发投入前 10 强企业名单。

表 3.2 研发投入前 10 强企业名单

序 号	企业名称	区 县
1	重庆长安汽车股份有限公司	江北区
2	长安福特汽车有限公司	渝北区
3	中国移动通信集团重庆有限公司	渝北区
4	中铁十一局集团第五工程有限公司	沙坪坝区
5	中冶建工集团有限公司	大渡口区
6	重庆万达薄板有限公司	涪陵区
7	奥特斯科技（重庆）有限公司	江北区
8	西南铝业（集团）有限责任公司	九龙坡区
9	中交二航局第二工程有限公司	渝中区
10	北汽银翔汽车有限公司	合川区

二、区域分布

重庆市研发投入百强企业主要分布在主城都市区，合计 97 家，百强企业数 TOP5 区县分别为渝北区、南岸区、九龙坡区、巴南区、北碚区，占比 60%。重庆市研发投入百强企业区域分布如图 3.25 所示。

三、技术领域分布

研发投入百强企业集中分布在先进制造与自动化、高技术服务、新材料、电子信息 4 个高新技术领域，分别为 25 家、17 家、13 家、12 家，合计占比 67%（图 3.26）。

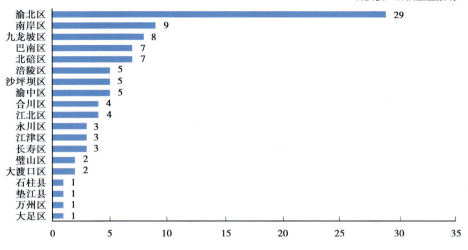

图 3.25　研发投入百强企业区域分布

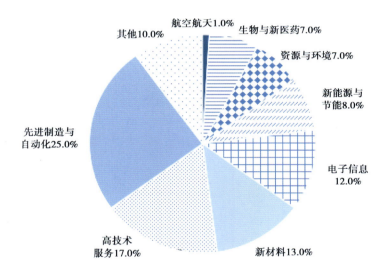

图 3.26　研发投入百强企业技术领域分布

第四章 |
高成长性科技企业发展分析

第一节　总体情况

2018 年，全市共认定高成长性科技企业 595 家，是 2017 年高成长性科技企业总数的 3.4 倍，其中瞪羚企业 104 家，牛羚企业 491 家。高成长性科技企业主营业务收入 1 208.3 亿元，同比增长 488.3%；净利润 93.3 亿元，总体发展情况良好。

高成长性科技企业主要集中分布在主城都市区，占比达 90.1%；数量排名前十位的区县依次是渝北区、九龙坡区、璧山区、江津区、北碚区、南岸区、江北区、沙坪坝区、涪陵区、长寿区，共认定高成长性科技企业 401 家，占全市总数的 67.4%。

2018 年高成长性科技企业区域分布如图 4.1 所示。

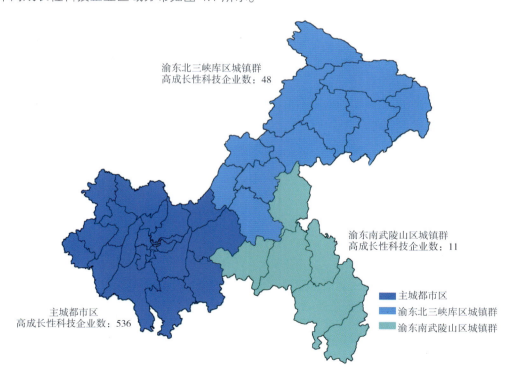

渝东北三峡库区城镇群
高成长性科技企业数：48

渝东南武陵山区城镇群
高成长性科技企业数：11

主城都市区
高成长性科技企业数：536

■ 主城都市区
■ 渝东北三峡库区城镇群
■ 渝东南武陵山区城镇群

图 4.1　2018 年高成长性科技企业区域分布图

第二节　区域、企业类型、产业和技术领域分布

一、区域分布

2018 年，全市高成长性科技企业数量 TOP5 区县分别为渝北区、九龙坡区、璧山区、江津区、北碚区，合计占比 47.7%（图 4.2）。

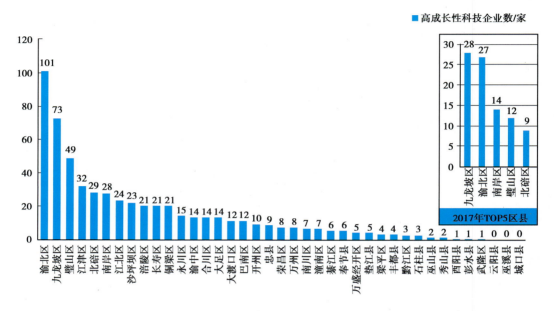

图 4.2　2018 年全市高成长性科技企业区域分布情况

二、企业类型分布

全市高成长性科技企业包括大型企业 22 家，中型企业 96 家，小型企业 428 家，微型企业 49 家（图 4.3），规模以上工业企业 324 家。按登记注册类型分类，内资企业 588 家，占比 98.8%，港澳台商投资企业 6 家，外商投资企业 1 家。内资企业中，有限责任公司 510 家、股份有限公司 35 家、私营企业 34 家、国有企业 6 家、其他内资企业 2 家、股份合作企业 1 家。

三、产业分布

全市高成长性科技企业第一产业、第二产业、第三产业占比分别为 5.4%、69.9% 与 24.7%（图 4.4）。与 2017 年相比，第三产业比重降低了 4.3 个百分点，第二产业比重上升了 4.4 个百分点。

第二产业高成长性科技企业主营业务收入 1 060.4 亿元，研发费用支出 35.1 亿元；第一产业高成长性科技企业主营业务收入 10.2 亿元，研发费用支出 0.5 亿元；第三产业高成长性科技企业主营业务收入 137.7 亿元，研发费用支出 10.0 亿元（图 4.5）。企业研发费用支出占主营业务收入比重最高为第三产业，达到 7.3%；第一产业次之，占比 4.9%；再次为第二产业，占比 3.3%。

高成长性科技企业中研发费用占主营业务收入比重大于 50% 的共有 18 家，其中 88.9% 属于第三产业。第三产业企业研发费用占主营业务收入平均比重为 15.1%；第一产业和第二产业企业研发费用占主营业务

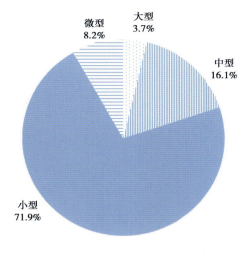

图 4.3　2018 年全市高成长性科技企业类型分布图

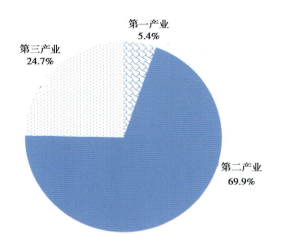

图 4.4　2018 年全市高成长性科技企业产业分布图

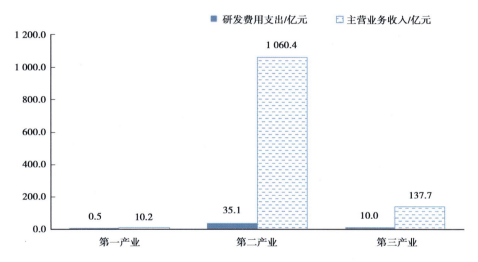

图 4.5　各产业高成长性科技企业研发费用支出及主营业务收入情况

收入平均比重分别为 10.25% 和 7.0%。

全市高成长性科技企业中，小型企业占比 71.9%，第一产业以中型企业为主，第二、三产业主要以小型企业为主（图 4.6）。

四、技术领域分布

先进制造与自动化、电子信息、新材料、高技术服务、生物与新医药、新能源与节能、资源与环境、航空航天 8 个技术领域分别有 189 家、111 家、83 家、60 家、51 家、30 家、25 家、3 家（图 4.7），先进制造与自动化和电子信息两个领域优势明显，合计占比达 54.3%；新材料、高技术服务、生物与新医药等领域占比分别为 15.0%、10.9%、9.2%。

各技术领域中，先进制造与自动化领域主营业务收入最高，达 451 亿元，占全市高成长性科技企业主营业务收入的 37.3%，其次为电子信息、新材料、高技术服务、生物与新医药，合计占比 56.1%（图 4.8）。

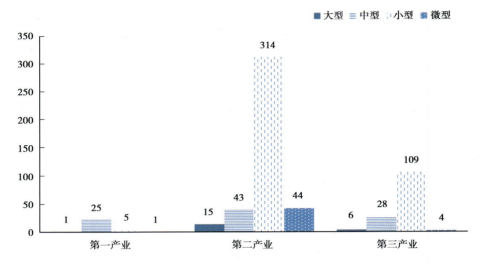

图 4.6　不同产业高成长性科技企业规模分布图（单位：家）

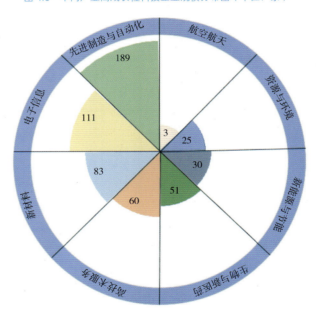

图 4.7　2018 年全市高成长性科技企业技术领域分布情况

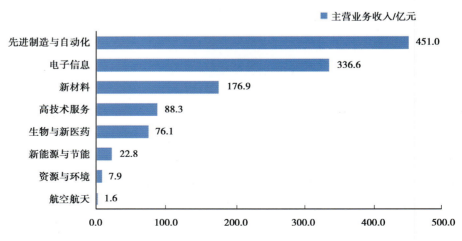

图 4.8　各技术领域高成长性科技企业主营业务收入情况图

第三节 研发投入、产出和研发人员

一、研发投入

全市开展研发活动的高成长性科技企业 592 家，有研发产出的企业 341 家，占全部高成长性科技企业的 57.3%，企业研发成功率为 57.6%。全市高成长性科技企业研发投入总额 45.6 亿元，同比增长 289.7%，其中研发经费内部支出 43.1 亿元，研发经费外部支出 2.5 亿元，研发投入强度 3.8%（图 4.9）。

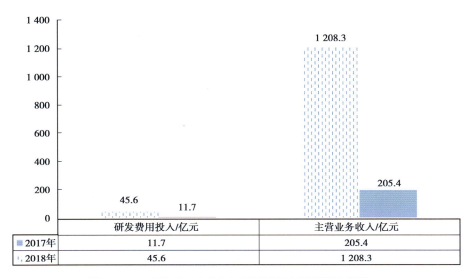

	研发费用投入/亿元	主营业务收入/亿元
2017年	11.7	205.4
2018年	45.6	1 208.3

图 4.9 2017 年及 2018 年全市高成长性科技企业研发投入情况

二、研发产出

高成长性科技企业拥有有效专利 5 759 件，其中有效发明专利 628 件，占全市科技型企业有效发明专利量的 5.8%，计算机软件著作权 950 件，医疗器械注册证书 43 件，农业机械推广鉴定证书 1 件，动物新品种证书 3 件，高新技术产品数 895 件。

高成长性科技企业在主城都市区的有效专利量 TOP10 区县如图 4.10 所示。

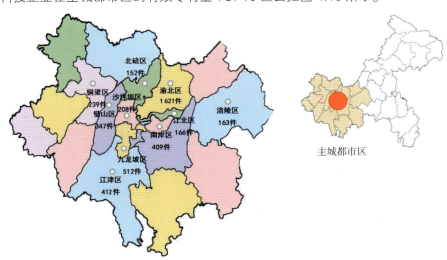

图 4.10 主城都市区有效专利量 TOP10 区县

高成长性科技企业中，有效发明专利量排名前五的区县是渝北区、南岸区、九龙坡区、璧山区、沙坪坝区，总量占比达到 63.9%。各区县高成长性科技企业有效发明专利情况如图 4.11 所示。

区县名称	有效发明专利量/件
渝北区	152
南岸区	86
九龙坡区	61
璧山区	52
沙坪坝区	50
江北区	31
合川区	31
铜梁区	28
北碚区	24
江津区	20
涪陵区	12
长寿区	11
大渡口区	9
荣昌区	9
潼南区	7
万州区	7
开州区	7
綦江区	6
大足区	6
渝中区	3
梁平区	3
秀山县	3
永川区	2
垫江县	2
石柱县	2
巴南区	1
南川区	1
奉节县	1
丰都县	1

图 4.11　各区县高成长性科技企业有效发明专利情况

有效专利量排名前三的技术领域是先进制造与自动化领域、电子信息领域、生物与新医药领域，占比分别为 51.5%、11.8%、10.1%；有效发明专利量排名前三的技术领域是先进制造与自动化、生物与新医药、电子信息，共占 80.4%（图 4.12）。

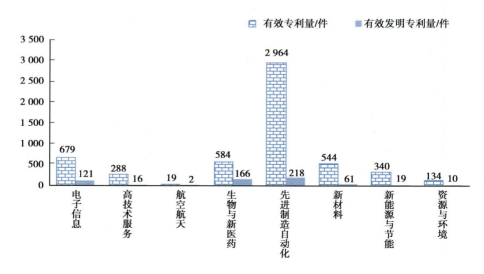

图 4.12　不同技术领域有效专利量及有效发明专利量分布情况

三、研发人员

全市高成长性科技企业拥有研发人员 20 312 人，占从业人员（98 798 人）的比重为 20.6%。其中，研发人员数排名前十的区县依次是渝北区、北碚区、九龙坡区、涪陵区、璧山区、江津区、江北区、沙坪坝区、南岸区、巴南区，共占全市高成长性科技企业研发人员总数的 77.5%（图 4.13）。

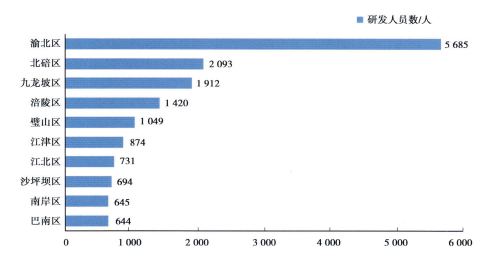

图 4.13　研发人员数 TOP10 区县

第四节　经济效益与社会贡献

2018 年全市高成长性科技企业资产总额 1 795.7 亿元，主营业务收入 1 208.3 亿元，净利润 93.3 亿元，纳税总额 41.6 亿元，出口总额 47.1 亿美元，研发投入 45.6 亿元，有效发明专利 5 759 件，新产品（科技服务）销售收入 816.9 亿元，同比增长 645%。

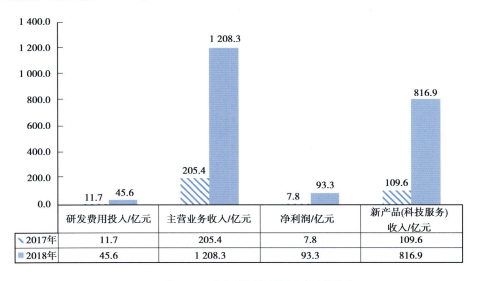

图 4.14　2017 年及 2018 年高成长性科技企业经济效益对比图

从经济效益上来看，主城都市区依旧占主导地位，主营业务收入 1 123.5 亿元，占全市高成长性企业主营业务收入总额的 93.0%。主营业务收入排名前五的区县是渝北区、北碚区、涪陵区、江津区、九龙坡区（图 4.15）；新产品（科技服务）收入排名前五的是渝北区、北碚区、涪陵区、巴南区、江津区（图 4.16）；净利润排名前五的是北碚区、渝北区、涪陵区、江津区、巴南区（图 4.17）。

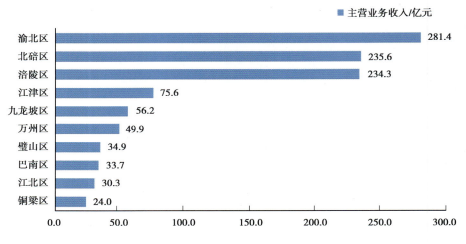

图 4.15　主营业务收入 TOP10 区县

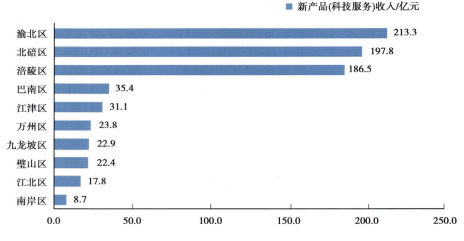

图 4.16　新产品（科技服务）收入 TOP10 区县

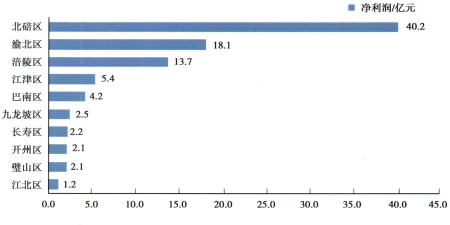

图 4.17　净利润 TOP10 区县

从技术领域分布看，先进制造与自动化领域主营业务收入与新产品（科技服务）收入均高于其他技术领域，占比分别达到 37.3% 与 37.8%（图 4.18）。

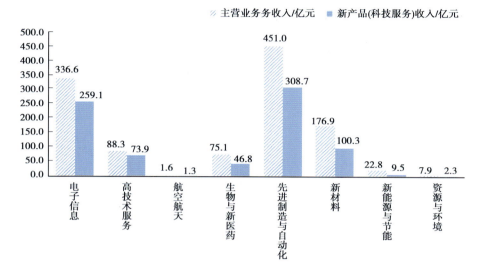

图 4.18 2018 年各技术领域高成长性科技企业收入情况

第五章 |
高新技术企业发展分析

高新技术产业发展状况已成为衡量地方经济社会发展水平和竞争能力的重要标志。2018年全市共新认定893家国家高新技术企业，有效期内高新技术企业总数达到2 504家，同比增长24.5%。全市高新技术企业营业收入8 610亿元，较上年增长1.3%；高新技术产品（服务）收入5 816亿元，占营业收入总额的67.5%；利润总额366亿元；研究开发费用总额344亿元，占当年营业收入的4.0%；企业新增就业人员超过5万人，从业人员约65万人，其中科技活动人员12.8万人；全市高新技术企业获得发明专利2 505件。

第一节 区域和技术领域分布

重庆市有效期内高新技术企业数量逐年增加，2018年全市有效期内高新技术企业总数为2 504家，同比增长24.5%（图5.1）。

图 5.1　2014—2018 年高新技术企业增长情况

一、区域分布

2018年，全市高新技术企业数量排名前十的区县为两江新区、重庆高新区、渝北区、南岸区、江津区、江北区、九龙坡区、永川区、合川区、涪陵区，其数量分别为328家、253家、178家、145家、124家、120家、98家、91家、84家、83家，占全市总数的60%（图5.2）。

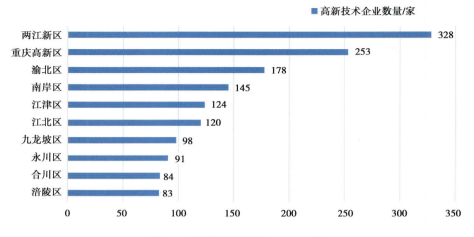

图 5.2　高新技术企业数量 TOP10 区县

二、技术领域分布

全市高新技术企业主要分布在先进制造与自动化、电子信息、新材料等领域，其比重分别为 35.4%、23.3%、16.3%，共占 75.0%；其次分别为高技术服务、生物与新医药、资源与环境、新能源与节能、航空航天，分别占 8.1%、7.9%、4.6%、4.0%、0.5%（图 5.3）。

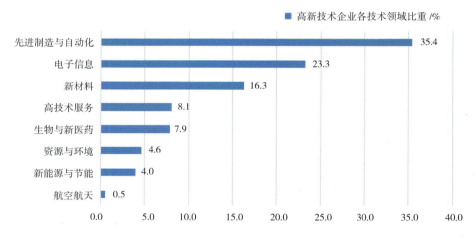

图 5.3　2018 年高新技术企业技术领域分布情况

第二节　科技创新成效

一、研发人员

2018 年，重庆市高新技术企业职工总数约 65 万人，研发人员 12.8 万人，研发人员占职工总数的 19.7%（图 5.4）。从区域分布来看，研发人员数量排名前三的区县依次为渝北区、九龙坡区、江北区。从技术领域来看，航空航天、电子信息、高技术服务三大领域的研发人员占职工总数比重较高，依次为 57.9%、27.1%、23.1%（图 5.5）。

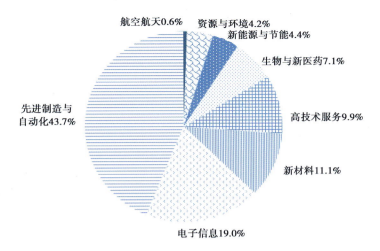

图 5.4　高新技术企业研发人员技术领域分布情况

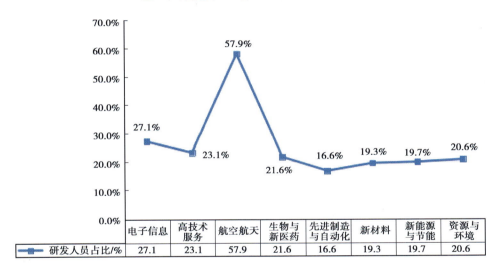

图 5.5　高新技术企业研发人员占职工总数比例情况

二、研发投入

2018 年，重庆市高新技术企业研发投入总额 344 亿元，占当年全市高新技术企业营业收入总额的 4.0%。从技术领域分布来看，先进制造与自动化、电子信息、新材料三大领域研发投入较高，占比分别为 49.2%、13.4%、11.4%（图 5.6）；生物与新医药、航空航天、电子信息三大领域研发投入强度较大，分别为 5.4%、5.0%、5.0%（图 5.7）。

三、专利

2018 年，重庆市高新技术企业获得专利授权 11 678 件，其中发明专利 2 505 件。先进制造与自动化领域专利授权量居首位，占比达到 50.3%（图 5.8）。

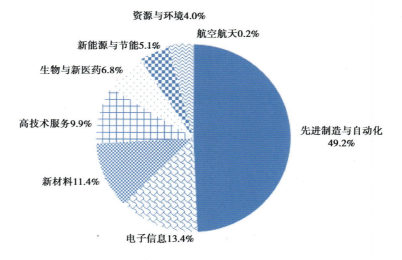

图 5.6 　各技术领域高新技术企业研发投入情况

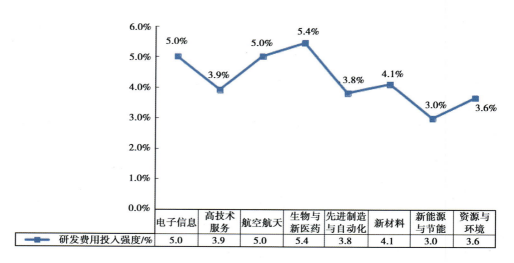

图 5.7 　各技术领域高新技术企业研发投入强度情况

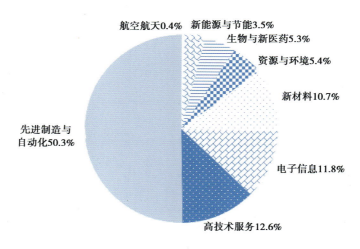

图 5.8 　各技术领域高新技术企业专利情况

四、高新技术产品（服务）收入

2018 年，重庆市高新技术企业高新技术产品（服务）收入达 5 816 亿元，占高新技术企业营业收入总额的 67.5%。从技术领域来看，先进制造与自动化领域所占比重最大，为 58.8%；此外，电子信息、新材料、生物与新医药占比分别为 11.7%、10.3%、5.6%（图 5.9）。

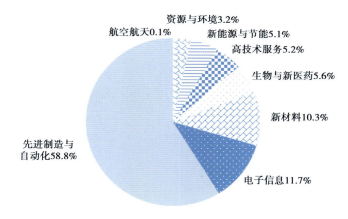

图 5.9　各技术领域高新技术产品（服务）收入情况

五、利润总额

全市高新技术企业利润总额 366 亿元。利润总额较高的技术领域依次为先进制造与自动化、电子信息、新材料、生物与新医药、高技术服务，其占比分别为 35.7%、16.1%、13.0%、10.8%、10.5%（图 5.10）。利润总额占营业收入比例较高的技术领域依次是生物与新医药、电子信息、资源与环境、新材料、新能源与节能，其比例分别为 9.2%、6.4%、5.9%、5.0%、4.9%（图 5.11）。

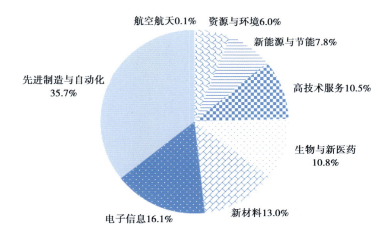

图 5.10　各技术领域高新技术企业利润总额情况

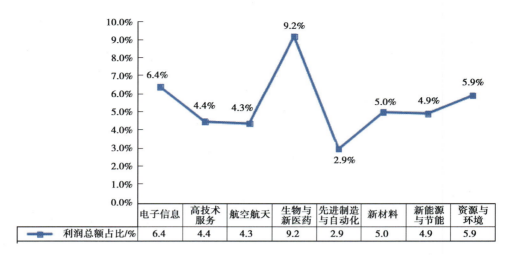

	电子信息	高技术服务	航空航天	生物与新医药	先进制造与自动化	新材料	新能源与节能	资源与环境
利润总额占比/%	6.4	4.4	4.3	9.2	2.9	5.0	4.9	5.9

图 5.11　各技术领域高新技术企业利润总额占营业收入比例情况

第三节　民营高新技术企业

2018 年，在全市高新技术企业中，民营企业有 2 303 家，营业收入 7 475 亿元，占全市高新技术企业营业收入总额的 86.8%；利润总额达 314 亿元，占全市高新技术企业利润总额的 85.8%；获得发明专利 2 204 件，占全市高新技术企业获得发明专利总量的 88.0%（图 5.12）。

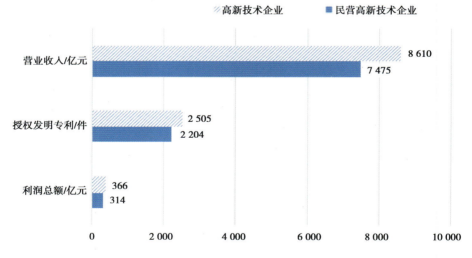

图 5.12　民营高新技术企业发展情况图

第四节　发展特点

一、数量快速增长

2018 年，全市共申报高新技术企业 1 256 家，通过国家高新技术企业备案认定的有 893 家，同比增长 7.3%；全市有效期内的高新技术企业总量达到 2 504 家，同比增长近 24.5%。

二、发展质量明显提高

2018 年高新技术企业营业收入 8 610 亿元，实际上缴税费总额 440 亿元。企业规模持续扩大，产值超 10 亿元的企业达到 130 家，比上年增加 44.4%；百亿级企业达到 8 家，比上年增加 3 家。高新技术企业盈利能力进一步增强，盈利面达到 78.3%，远超全市企业平均盈利水平。

三、集聚效应更加凸显

高新技术产业园区成为高新技术企业的主要载体，重庆自主创新示范区、国家和市级高新区集聚高新技术企业 922 家，占总量的 36.8%。重点区域创新作用明显，主城九区（含高新区、两江新区）集聚高新技术企业 1 436 家，占总量的 57.3%。

四、创新资源加速汇聚

在科技人才方面，全市高新技术企业研发人员占其职工总数的比重为 19.7%；在研发投入方面，高新技术企业研发费用支出占同期营业收入的比重为 4.0%；在知识产权方面，全市高新技术企业获得发明专利授权 2 505 件。

五、新兴产业集群发展迅速

高新技术企业逐步形成了先进制造与自动化、电子信息、新材料为重点领域的高新技术和战略性新兴产业集群。先进制造与自动化、电子信息、新材料三大技术领域共有高新技术企业 1 821 家，占全市总数的 72.7%，上述三大领域高新技术企业营业收入总额达到 6 336 亿元，占比 73.6%。

第六章

科技型企业出口贸易分析

2018 年全市外贸进出口总值达 5 222.6 亿元，比 2017 年增长 15.9%。其中，出口总额 3 395.3 亿元，增长 17.7%；进口总额 1 827.3 亿元，增长 12.5%。对美国、欧盟分别进出口 1 063.6 亿元、984.9 亿元，占同期重庆外贸总值比重分别为 20.4%、18.9%。

有出口贸易的企业共 488 家，占全市科技型企业总数的 4.4%，占重庆关区注册备案登记企业 12 142 家的 4.0%。出口贸易科技型企业的主营业务收入合计 3 927.3 亿元，占全市科技型企业主营业务收入的 38.4%；高新技术产品出口 2 314.9 亿元，增长 21.4%，占同期重庆出口总值的 68.2%；研发支出 158.6 亿元，占全市科技型企业研发支出的 38.8%，主要分布在先进制造与自动化、新材料、电子信息、生物与新医药等四大高新技术领域（图 6.1），有出口科技型企业 385 家，占出口科技型企业总数的 78.9%。

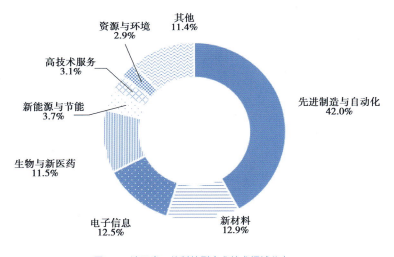

图 6.1　涉及出口的科技型企业技术领域分布

第一节　重点领域出口情况

一、电子信息领域

电子信息领域涉及出口企业 61 家，主营业务收入 791.3 亿元，净利润 11.7 亿元，纳税总额 5.8 亿元，出口总额 711.7 亿元，占全市科技型企业出口总额的 49.4%。其中半导体领域涉及出口企业 28 家，主营业务收入 223 亿元，净利润 6.8 亿元，纳税总额 4.1 亿元，出口总额 137 亿元，占电子信息领域出口总额的 19.2%（图 6.2）。

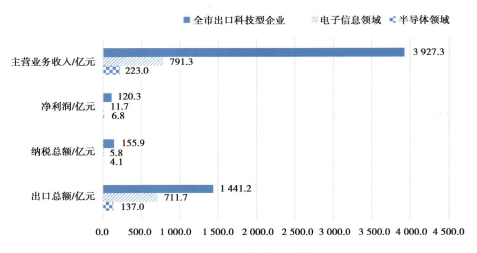

图 6.2　电子信息领域出口企业情况

二、先进制造与自动化领域

先进制造与自动化领域涉及出口企业 205 家，主营业务收入 1 967.4 亿元，净利润 42 亿元，纳税总额 96.7 亿元，出口总额 410.8 亿元，占全市科技型企业出口总额的 28.5%。其中，农机装备领域涉及出口企业 5 家，主营业务收入 7.8 亿元，净利润 0.3 亿元，纳税总额 0.1 亿元，出口总额 5.7 亿元，出口总额占先进制造与自动化领域出口总额的 1.4%（图 6.3）。

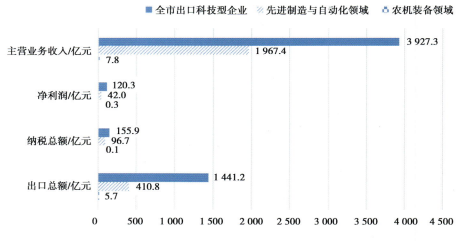

图 6.3　先进制造与自动化领域出口企业情况

三、新材料领域

新材料领域涉及出口企业 63 家，主营业务收入 598.6 亿元，净利润 26.3 亿元，纳税总额 17.1 亿元，出口总额 148.3 亿元，占全市科技型企业出口总额的 10.3%。其中，钢、铝材料领域涉及出口企业 14 家，主营业务收入 369.6 亿元，净利润 4.5 亿元，纳税总额 5.6 亿元，出口总额 46.9 亿元，出口总额占新材料领域出口总额的 31.6%（图 6.4）。

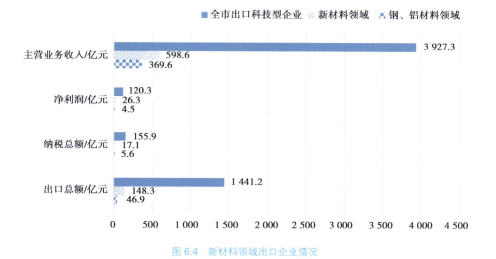

图 6.4　新材料领域出口企业情况

四、生物与新医药领域

生物与新医药领域涉及出口企业 56 家，主营业务收入 227.2 亿元，净利润 15.6 亿元，纳税总额 22.2 亿元，出口总额 28.4 亿元，占全市科技型企业出口总额的 2%。其中，医疗器械领域涉及出口企业 11 家，主营业务收入 7 亿元，净利润 0.2 亿元，纳税总额 0.6 亿元，出口总额 5 亿元，出口总额占生物与新医药领域出口总额的 17.6%（图 6.5）。

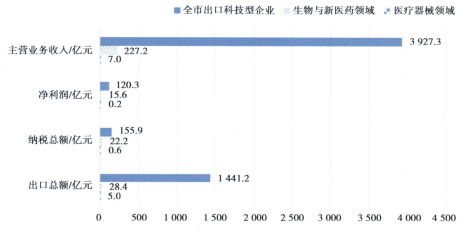

图 6.5　生物与新医药领域出口企业情况

第二节　出口科技型企业类型分布

488 家出口科技型企业中，有效期内高新技术企业 322 家，占 66%。按企业规模统计来看，有大型企业 58 家、中型企业 157 家、小型企业 248 家、微型企业 25 家（图 6.6）。从登记注册类型上看，有内资企业 469 家，港澳台商投资企业 10 家，外商投资企业 9 家。内资企业包括国有企业 11 家，有限责任公司 371 家，股份有限公司 59 家，

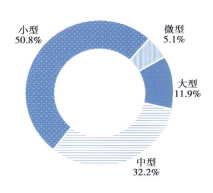

图 6.6　出口科技型企业类型分布图

私营企业 26 家，其他内资企业 2 家。

第三节　各领域研发平台分布

涉及出口的 488 家科技型企业当中，有 128 家企业建设有各类研发平台共 196 个。

从技术领域看，54 家先进制造与自动化企业拥有研发平台 87 个，24 家生物与新医药企业拥有研发平台 36 个，18 家新材料企业拥有研发平台 29 个，11 家电子信息企业拥有研发平台 14 个，7 家新能源与节能企业拥有研发平台 10 个，4 家资源与环境企业拥有研发平台 5 个，1 家高技术服务企业拥有研发平台 1 个，9 家其他领域企业拥有研发平台 14 个（图 6.7）。从企业平均研发平台数量上看，先进制造与自动化、新材料领域平均 1.6 个/家；生物与新医药领域平均 1.5 个/家；新能源与节能领域平均 1.4 个/家；电子信息、资源与环境领域平均 1.3 个/家；高技术服务领域平均 1.0 个/家。

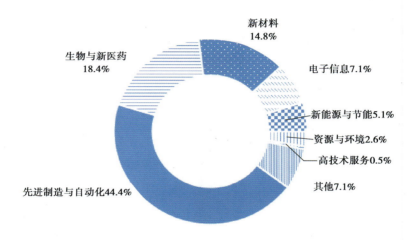

图 6.7　出口科技型企业各领域研发平台分布图

从企业类型上看，研发平台主要集中在大中型企业。其中，34 家大型企业拥有研发平台 58 个，平均 1.7 个/家；64 家中型企业拥有研发平台 101 个，平均 1.6 个/家；30 家小型企业拥有研发平台 37 个，平均 1.2 个/家。

第七章 | 重庆市科技型企业培育政策与效果评价

第一节 现有政策及特点

重庆市坚持以习近平新时代中国特色社会主义思想为指导，紧扣习近平总书记对重庆提出的"两点"定位、"两地""两高"目标和"四个扎实"要求，坚持把创新驱动发展作为中心任务，坚定不移地推进科技体制改革，进一步发挥市场在创新资源配置中的决定性作用，同时更好发挥政府作用，稳步促进科技创新潜力充分释放和科技创新资源开放共享。大力培育壮大科技型企业，是促进科技成果与经济社会发展紧密结合，促进科技成果向现实生产力转化，推进西部创新中心和创新型城市建设的重要抓手。为此，"十三五"以来，重庆市进一步加大国家和地方惠企政策的落实力度，先后制定出台了一系列改善企业融资环境、减轻企业税费负担、加强企业技术供给的政策（表 7.1），使科技型企业创新发展的政策体系逐步形成。

表 7.1 国家和重庆市支持科技型企业创新发展的主要政策（2013—2018 年）

文件名	文件编号	时间
国家税务总局关于技术转让所得减免企业所得税有关问题的公告	国家税务总局公告 2013 年第 62 号	2013 年
国务院关于加快科技服务业发展的若干意见	国发〔2014〕49 号	2014 年
重庆市科学技术奖励办法	重庆市人民政府令第 278 号	2014 年
财政部 国家税务总局 科技部关于完善研究开发费用税前加计扣除政策的通知	财税〔2015〕119 号	2015 年
高新技术企业认定管理办法	国科发火〔2016〕32 号	2016 年
高新技术企业认定管理工作指引	国科发火〔2016〕195 号	2016 年
重庆市鼓励企业建立研发准备金制度的实施细则	渝经信发〔2016〕70 号	2016 年
重庆市重大新产品研发成本补助实施细则	渝经信发〔2016〕71 号	2016 年
重庆市人民政府办公厅关于大力培育高新技术企业的实施意见	渝府办发〔2016〕90 号	2016 年
重庆市新型研发机构培育引进实施办法	渝科委发〔2016〕129 号	2016 年
重庆市科学技术奖励办法实施细则	渝科委发〔2016〕163 号	2016 年

续表

文件名	文件编号	时间
关于支持科技创新进口税收政策管理办法的通知	财关税〔2016〕71 号	2016 年
外国人来华工作许可服务指南（暂行）	外专发〔2017〕36 号	2017 年
国家税务总局关于实施高新技术企业所得税优惠政策有关问题的公告	国家税务总局公告 2017 年第 24 号	2017 年
重庆市科技企业孵化器认定和管理办法	渝科委发〔2018〕66 号	2018 年
重庆市科技创新基地优化整合方案	渝科委发〔2018〕69 号	2018 年
重庆市科技型企业知识价值信用贷款体系建设方案	渝科委发〔2018〕108 号	2018 年
重庆市自然科学基金项目实施办法（试行）	渝科委发〔2018〕111 号	2018 年
重庆市科教兴市和人才强市行动计划（2018—2020 年）	渝委发〔2018〕27 号	2018 年
重庆市创业种子引导基金管理办法	渝科局发〔2018〕2 号	2018 年
重庆市天使投资基金管理办法	渝科局发〔2018〕3 号	2018 年
重庆市科技型企业管理和服务实施细则	渝科局发〔2018〕8 号	2018 年
重庆市科技创新券实施办法	渝科局发〔2018〕9 号	2018 年

上述政策概括起来有以下几个特点：

（1）激励方式方面：主要采用科技奖励、财政直接无偿投入、专项资助、研发专项资金补助、财政补贴、财政（信用）担保、贷款损失补偿、财政激励、股权投资、发放科技创新券等方式。例如，设立重庆市科技突出贡献奖、自然科学奖、技术发明奖、科技进步奖、企业技术创新奖和国际科技合作奖六类科技奖项；对科研项目一般采取一定额度的无偿投入。又如，重庆市自然科学基金项目主要面向科技前沿，聚焦重庆经济社会发展中的基础性、战略性、前瞻性科学问题，支持科研人员开展创新性基础研究与应用基础研究，资助额度分为 10 万元、50 万元、80 万元和 200 万元四档。

（2）激励对象方面：涉及科技人才、研发机构、科技型企业、上市科技企业以及科技企业孵化器（加速器）、科技园区等各个方面。针对科技人才通过重庆英才计划等政策给予专项资助；对引进的博士、博士后、教授和其他高层次人才给予安家费、科研启动金等；重庆市天使投资基金主要对人工智能、大数据、智能制造、生物医药、新材料、节能环保等新兴产业领域的创新型中小微企业进行股权投资。

（3）激励内容方面：有针对企业具体项目或产品的激励，如对重庆市科技型企业拥有自主知识产权的高新技术产品，应优先列入政府采购目录；有针对某类具体企业的激励，如重庆市创业种子引导基金属于不以营利为目的的专项资金，主要以公益参股、免息信用贷款方式支持在渝设立不超过 5 年的科技型企业以及落户重庆的创业团队、科技成果转化项目；有针对所有科技型企业的激励，如重庆市于 2016 年启动的科技型企业培育工作，凡入库培育的科技型企业均可以优先享受"重庆市科技资源共享平台"提供的购买研究开发、委托检验检测、文献下载等各类科技服务，优先满足对接国内外高层次专家的需求，优先推荐银行金融机构提供的金融创新产品。

（4）激励重点方面：从激励区域看，主要关注国家自主创新示范区、两江新区、高新技术产业开发区、农业科技园区和特色产业科技园区的科技创新创业活动；从激励领域看，着力围绕先进制造、大数据、人工智能、大健康、新材料、新能源等领域的科技创新创业。

从整体上看，政策支持面和支持力度都有待深化，与我国发达地区相比还存在政策针对性和精准性不足等问题。从成长环境角度看，重庆市科技型企业的发展环境还需要进一步优化，投融资、社会服务、创新文化等主要环境构成要素还需要加快调整。为此，重庆市需要加快完善科技型企业创新创业政策体系，为其创新发展提供更加优良的政策环境，形成大企业"顶天立地"和中小微企业"铺天盖地"的良好态势。

第二节　企业知识价值信用贷款实施效果与评价

长期以来，研发投入少、投入强度低一直是制约重庆创新驱动发展的短板，而融资难、融资贵也一直是制约科技型企业发展的短板，关键是缺乏企业知识价值信用评价。2017 年，重庆探索建立知识价值信用评价体系，并以此为基础在全国率先开展知识价值信用贷款改革试点。截至 2018 年底，重庆市科技型企业知识价值信用贷款改革试点范围已扩大到 20 个区县（含两江新区、重庆高新区、万盛经开区），覆盖全市 50% 的区县。知识价值信用贷款风险补偿基金规模由 11 亿元增加到 28 亿元。累计为 500 家企业发放贷款 13.03 亿元，其中知识价值信用贷款 6.39 亿元，商业贷款 6.64 亿元。首次获得银行贷款的企业有 143 家，占已获贷企业总数的 29%，打开了科技型企业轻资产融资之门。

一、评价指标体系

随着创新驱动发展战略的深入实施，传统的以重资产为基础、以财务指标为关键的商业价值信用评价体系，越来越不适应科技型企业的轻资化属性与创新型特征，已成为科技型中小企业融资难的重大制约因素。综合评定科技型企业创新能力有以下两个方面：一是企业基础创新能力方面，二是企业将创新能力运用于经济运行和创新实践的能力和效率方面。评价结果可为金融机构对科技型企业融资提供参考。

科技型企业知识价值信用评价体系按照"动态评价，关键指标选择，基于真实数据的客观评价，创新能力与创新效益评价并重"四项基本原则构建，按照 8 大领域、3 类规模进行企业知识价值信用评价指标体系的设计，具体包括科技研发能力和经营管理能力 2 个一级指标，企业研发投入强度、企业 R&D 投入水平、研发人员占比、创新发明水平等 9 个二级指标（表 7.2），按照指标得分划分为 A、B、C、D、E 5 个等级。

表 7.2 评价指标体系层次分布

序 号	一级指标	二级指标		指标单位	指标性质
		序 号	指标名称		
1	A 科技研发能力	1	企业研发投入强度	%	正
		2	企业 R&D 投入水平	%	正
		3	研发人员占比	%	正
		4	创新发明水平	%	正
2	B 经营管理能力	5	新产品销售收入占比	%	正
		6	销售收入占比	%	正
		7	人均销售收入水平	%	正
		8	资产收益水平	%	正
		9	能耗水平	%	逆

二、指标名词解释

（1）企业研发投入强度：反映企业研发投入强度和科技创新发展水平。

$$企业研发投入强度 = \frac{企业 R\&D 投入}{企业主营业务收入}$$

（2）企业 R&D 投入水平：反映企业研发投入相对水平。

$$企业 R\&D 投入水平 = \frac{企业 R\&D 投入}{企业所属领域及规模 R\&D 投入平均值}$$

（3）研发人员占比：反映企业研发人员投入相对力度。

$$研发人员占比 = \frac{企业研发人员占比（研发人员数 / 年末从业人员数）}{企业所属领域及规模的研发人员占比平均值}$$

（4）创新发明水平：反映企业创新发明相对水平。

$$创新发明水平 = \frac{企业发明专利授权数}{企业所属领域及规模的发明专利平均授权数}$$

（5）新产品销售收入占比：反映企业新产品销售收入水平。

$$新产品销售收入占比 = \frac{企业新产品销售收入}{企业主营业务收入}$$

（6）销售收入占比：反映企业销售收入相对水平。

$$销售收入占比 = \frac{企业主营业务收入}{企业所属领域及规模的主营业务收入平均值}$$

（7）人均销售收入水平：反映企业人均销售收入相对水平。

$$人均销售收入水平 = \frac{企业人均销售收入}{企业所属领域及规模的人均销售收入平均值}$$

（8）资产收益水平：反映企业资产收益相对水平。

$$资产收益水平 = \frac{企业资产收益率（主营业务收入／总资产）}{企业所属领域及规模的资产收益率平均值}$$

（9）能耗水平：反映企业能耗相对水平。

$$能耗水平 = \frac{企业能耗水平（能耗成本／主营业务收入）}{企业所属领域及规模的能耗水平平均值}$$

三、评价机制

评价机制依托"大数据应用＋知识价值软件化评估"，建立知识价值信用评价模型，对科技型企业知识价值进行软件化评估。符合条件且进入"重庆市科技型企业管理系统"的企业，可享受知识价值信用评价服务。系统将即时采集数据进行自动评价，形成企业的知识价值信用评价结果，在线出具《重庆市科技型企业知识价值信用评价报告》，并开放给企业自行下载，企业凭借报告可直接向合作银行申请知识价值信用贷款，A、B、C、D、E 这 5 个信用等级分别对应 80 万元、160 万元、300 万元、400 万元、500 万元的授信额度。

为了鼓励银行业加强差异化信贷管理，提高放款科技型企业不良贷款容忍度，市科学技术局依托重庆科技金融集团有限公司，设立了重庆市知识价值信用贷款风险补偿引导基金。基金由市、区（县）两级财政出资成立，对合作银行发放用于知识价值信用贷款进行风险补偿，补偿比例为本金损失的 80%，合作银行承担 20%，同时构建了"3% 预警、5% 熔断"的风险防范机制，为贷款企业增信，为银行分担风险。

四、信用评价特点

（一）自动生成评价结果

通过一次性数据采集，软件系统自动计算，快速呈现科技型企业知识价值信用评价等级与授信额度评价结果，并及时将结果共享给金融机构，实现先期授信、按需贷款。

（二）注重大数据运用

通过建立科技型企业库，将分散的数据孤岛进行优化整合，实现了知识价值信用评价体系所需的各项数据的有效整合，并及时加入体系运行过程中产生的融资额度、还款情况等数据，通过大数据的分析及预测，提高金融机构风险控制能力。

（三）动态完善评价体系

在知识价值信用评价体系的实际运行过程中，根据各方反馈信息对评价体系进行动态完善和持续优化，对企业填报虚假数据情况纳入科技信用记录，对不良信用的企业取消政府科技创新关联项目和资金支持，从制度层面确保整个信用评价体系的活力和准确性。

五、评价统计分析

2018 年，共有 9 184 家科技型企业享受了知识价值信用评价服务，授信总额 229 亿元。其中，评级为 A 级的企业共有 338 家，占获评企业总数的 3.7%，授信总额 16.9 亿元；评级为 B 级的企业有 1 261 家，占获评企业总数的 13.7%，授信总额 50.4 亿元；评级为 C 级的企业有 3 949 家，占获评企业总数的 43%，授信总额 118.5 亿元；评级为 D 级的企业有 1 768 家，占获评企业总数的 19.3%，授信总额 28.3 亿元；评级为 E 级的企业有 1 868 家，占获评企业总数的 20.3%，授信总额 14.9 亿元。在知识价值信用 A、B、C、D、E 这 5 个等级中，C 级企业数量最多，其次为 E 级与 D 级，基本服从正态分布，并且符合实际情况，可进一步督促企业不断创新发展。

企业知识价值信用评级规模分布如图 7.1 所示。评级为 A 级的企业中，大型、中型、小型、微型企业数量分别有 62 家、50 家、142 家、84 家，分别占 18.3%、14.8%、42.0%、24.9%；评级为 B 级的企业中，大型、中型、小型、微型企业数量分别有 32 家、130 家、604 家、495 家，分别占 2.5%、10.3%、47.9%、39.3%；评级为 C 级的企业中，大型、中型、小型、微型企业数量分别有 48 家、323 家、1 995 家、1 583 家，分别占 1.2%、8.2%、50.5%、40.1%；评级为 D 级的企业中，大型、中型、小型、微型企业数量分别有 19 家、188 家、1 018 家、543 家，分别占 1.1%、10.6%、57.6%、30.7%；评级为 E 级的企业中，大型、中型、小型、微型企业数量分别有 14 家、204 家、950 家、700 家，分别占 0.7%、10.9%、50.9%、37.5%。

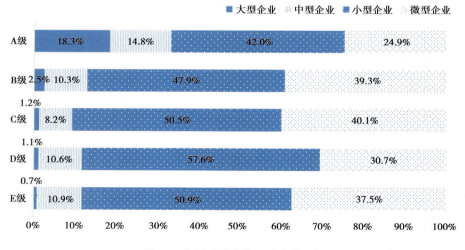

图 7.1　企业知识价值信用评级规模分布

从各技术领域知识价值信用评级占比上看（图 7.2），A 级企业数量占比排名前五的技术领域分别是航空航天、新能源与节能、高技术服务、电子信息、资源与环境，比重分别为 16.0%、9.1%、6.3%、5.1%、5.0%；B 级企业数量占比排名前五的技术领域分别是新能源与节能、电子信息、高技术服务、资源与环境、生物与新医药，比重分别为 23.2%、22.7%、20.3%、15.1%、13.4%；C 级企业数量占比排名前五的技术领域分别是新材料、先进制造与自动化、生物与新医药、航空航天、电子信息，比重分别为51.1%、49.7%、48.4%、48.0%、45.3%。

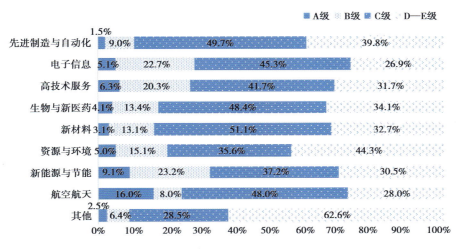

图7.2　各技术领域企业知识价值信用评级数量比

六、工作成效

2018年，科技型企业知识价值信用贷款改革试点工作取得了积极成效，通过建设新的企业知识价值信用评价体系，每家企业平均授信额度由原来的152万元提高到了278万元，科技型企业平均贷款额度达到261万元/家，评价结果与银行审批放款的实际匹配程度由57%提高到了88%，真正打开了科技型企业轻资产融资之门。

全年累计为500家企业提供贷款支持13亿元，其中有143家为首次获得银行贷款，首贷率达29%，每家企业平均获得贷款支持261万元，同比增长36.5%，从一定程度上充实了企业流动资金。合作银行对贷款企业执行同期贷款基准利率，比商业信用贷款利率约低一半，大幅降低了企业融资成本。

第三节　科技创新券实施效果与评价

创新券是政府设计并免费发放的一种权益凭证，用于鼓励支持科技型企业开展研发活动或向高校、科研院所以及科技服务机构购买科技服务。2018年，科技创新券政策再次升级，进一步优化了申领条件、使用范围、兑现、监管等条款。全年发放创新券6 146张，合计约1.7亿元；发展接券机构41家、服务产品892个，实现创新券交易5 959笔，合计约6 570万元。通过科技创新券政策的实施，充分发挥了市场在资源配置中的决定性作用，进一步盘活了重庆优势科技资源，降低了小微企业和创业团队科研创新的投入成本，激发了小微企业和创业团队的科技创新活力。

一、年度运行情况

按照《重庆市科技创新券实施办法》（渝科局发〔2018〕9号），创新券分为科技资源共享服务创新券、高成长性科技企业创新券、挂牌企业培育创新券。

（一）申领与兑现情况

1. 申领情况

全市共申领创新券 6 146 张。其中，科技资源共享服务创新券 5 615 张，占比 91.4%；高成长性（牛羚）科技企业创新券 277 张，占比 4.5%；高成长性（瞪羚）科技企业创新券 42 张，占比 0.7%；挂牌企业培育创新券 212 张，占比 3.4%。

创新券申领总额约为 1.7 亿元。其中，科技资源共享服务创新券总额为 1.1 亿元，占比 64.7%；高成长性（牛羚）科技企业创新券总额为 2 770 万元，占比 16.3%；高成长性（瞪羚）科技企业创新券总额为 690 万元，占比 4.1%；挂牌企业培育创新券总额为 2 120 万元，占比 12.5%（图 7.3）。

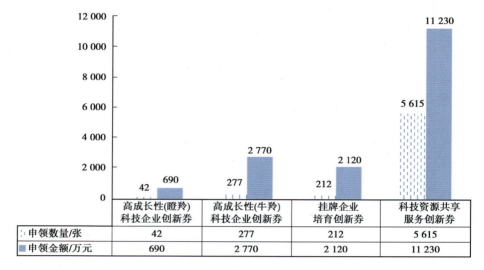

	高成长性(瞪羚) 科技企业创新券	高成长性(牛羚) 科技企业创新券	挂牌企业 培育创新券	科技资源共享 服务创新券
申领数量/张	42	277	212	5 615
申领金额/万元	690	2 770	2 120	11 230

图 7.3　创新券申领情况

2. 兑现情况

全市共兑现创新券约 1.9 亿元，其中双高企业培育创新券兑现约 1.3 亿元；挂牌成长创新券兑现 1 760 万元；科技资源共享服务创新券兑现 4 249 万元（图 7.4）。

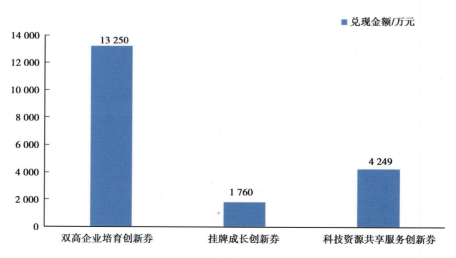

图 7.4　创新券兑现情况

（二）分布情况

1. 区县分布

按照申领数量由多到少，排名前五位的区县分别为渝北区 (699 张，占比 11.4%)、九龙坡区（637 张，占比 10.4%）、南岸区（356 张，占比 5.8%）、巴南区（351 张，占比 5.7%）、江北区（323 张，占比 5.3%），如图 7.5 所示。

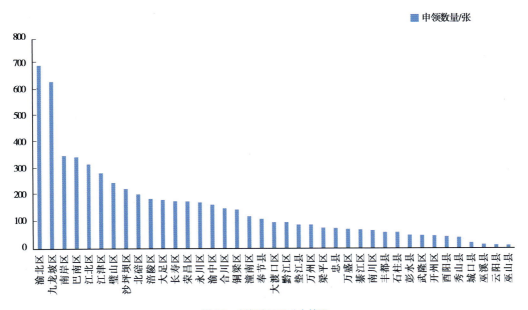

图 7.5 创新券区县分布情况

2. 技术领域分布

按照申领数量由多到少，排名前五位的领域分别为先进制造与自动化（1 681 张，占比 27.4%）、电子信息（1 228 张，占比 20.0%）、其他（935 张，占比 15.2%）、新材料（640 张，占比 10.4%）、高技术服务（619 张，占比 10.1%）（图 7.6）。

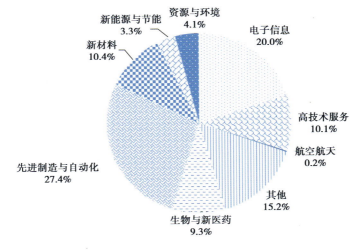

图 7.6 创新券技术领域分布情况

3. 企业类型分布

从企业类型分布上看，申领创新券的大型企业 107 家、中型企业 573 家、小型企业 3219 家、微型企业 1 809 家（图 7.7）。

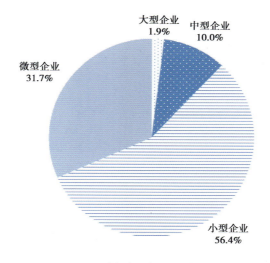

图 7.7 申领企业类型分布情况

从双高企业领券情况看，申领创新券的牛羚企业共 469 家，申领数量 731 张，金额为 3 822 万元；申领创新券的瞪羚企业共 102 家，申领数量 150 张，金额为 962 万元；申领创新券的高新技术企业共 1 623 家，申领数量 1 824 张，金额为 5 780 万元（图 7.8）。

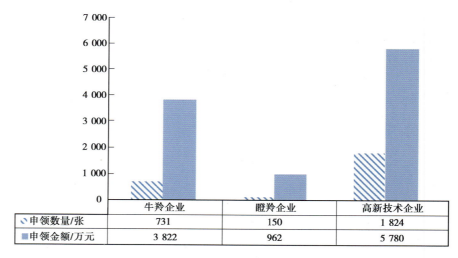

	牛羚企业	瞪羚企业	高新技术企业
申领数量/张	731	150	1 824
申领金额/万元	3 822	962	5 780

图 7.8 牛羚企业、瞪羚企业、高新技术企业申领数量及金额情况

（三）交易使用情况

2018 年，3 499 家企业使用创新券购买科技服务 5 939 笔，金额合计约 6 505.0 万元，其中企业购买研究开发服务 862 笔，金额合计约 1 585.5 万元；购买检验检测服务 5 077 笔，金额合计约 4 919.5 万元（图 7.9）。

（四）民营科技型企业创新券申领情况

2018 年，民营科技型企业共申领各类创新券 6 103 张，占创新券申领总量的 99.3%。其中，科技资源共享服务创新券 5 575 张，占该类券申领总量的 99.3%；高成长性（牛羚）科技企业创新券 275 张，占该类券申领总量的 99.3%；高成长性（瞪羚）科技企业创新券 42 张，占该类券申领总量的 100%；挂牌企业培育创新券 211 张，占该类券申领总量的 99.5%（图 7.10）。

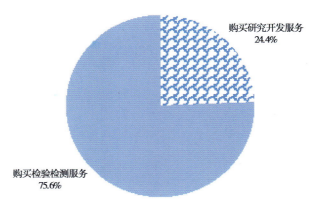

图 7.9　科技创新券交易使用情况

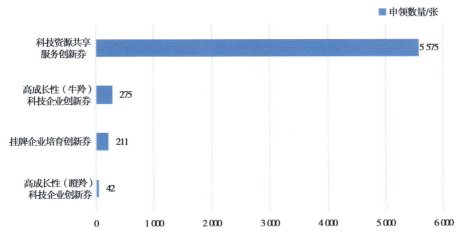

图 7.10　民营科技型企业创新券申领情况

二、接券机构情况

1. 服务分布情况

2018 年，为企业提供科技服务的接券机构达 94 家。其中，同时开展研究开发服务、检验检测服务的接券机构有 8 家；同时开展研究开发服务、科技咨询服务的接券机构有 1 家；单独开展研究开发服务、检验检测服务、科技创新板挂牌辅导服务的接券机构分别有 18 家、43 家和 24 家（图 7.11）。

2. 接券金额情况

2018 年，研究开发服务接券金额排名前五位的接券机构为重庆文理学院、重庆食品工业研究所、重庆信息通信研究院、重庆工业职业技术学院、重庆仙桃智能样机创新中心有限公司（图 7.12）。

检验检测服务接券金额排名前五位的接券机构为重庆仕益产品质量检测有限责任公司、重庆赛宝工业技术研究院、西南计算机有限责任公司、重庆市计量质量检测研究院、重庆仪表功能材料检测所（图 7.13）。

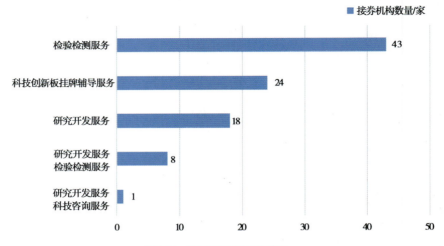

图 7.11　接券机构服务分布情况

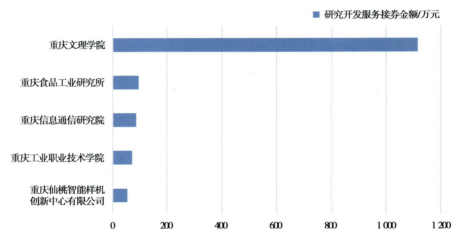

图 7.12　研究开发服务接券金额情况

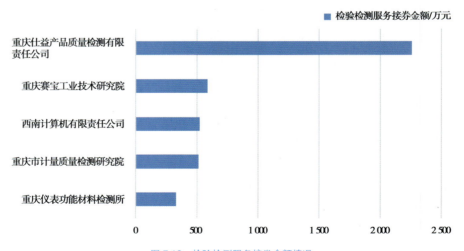

图 7.13　检验检测服务接券金额情况

三、实施效果

（一）提高财政资金使用效率

创新券的经费来源于财政拨款，并通过奖励性后补助的方式支持企业开展技术创新。从源头上看，创新券财政经费定位精准、需求明确，使用主体是企业，需求全部来自企业，重点支持企业在产品研发过程中所需的研究开发、科技咨询、检验检测等科技服务。从流程上看，首先，创新券经费是单向流动，企业领券后只能购买科技创新服务，专款专用，避免了公共财政投入的流失和浪费；其次，企业用券的对象是高校院所等科研机构，可以将闲置在高校院所内的公共科技资源充分盘活并利用起来；最后，创新券都有使用期限，在规定时间内如未使用，就会自动作废，不会对公共财政投入经费造成任何浪费。从结果上看，创新券以科技型企业需求为导向，用券结果直接应用于企业，不会产生闲置的科研成果，从根本上消除了科技成果转化问题，从而最大限度地发挥了政府投入资金的使用效率。此外，创新券还能充分引导企业自身增加研发投入，同时增加了企业和高校院所的创新收益，成倍放大了公共财政投入的效能。

（二）营造企业创新发展的良好氛围

创新券的发放能够为企业的创新创业活动提供信心和保障，让企业可以根据自身情况和市场需求自主创新，帮助企业建立起坚定、自信的创新动力机制。企业要获得创新券，就必须老老实实做研发、搞创新，创新券政策引导企业形成了一种走创新发展道路的机制和通道，让政府有限的财政资金投给真正想创新、要创新、敢创新的企业。创新券还充分调动了科技型企业与科技服务机构的积极性，打通了创新链条上的关键环节，破解了中小企业创新的难题，更形成了一种让全社会普遍关注与支持企业创新创业的氛围。

（三）有效促进科技成果转化

创新券政策以企业需求为导向，有效推动产学研用结合，有力促进科技成果转化。对企业来说，创新券购买的科技服务需求来自企业本身，都是其在创新发展过程中急需的研究开发、科技咨询、检验检测服务，创新券的实施能够真正帮助企业提高技术性能和产品附加值。对科研机构来说，高校院所长期拥有大量科研仪器、检测设备等科技资源，但普遍存在使用率较低、市场化效果差等问题，而中小企业特别是民营企业受限于自身条件，买不起高端仪器设备，创新券政策使闲置在高校院所的仪器设备实现了与市场的对接，优化了公共科技资源配置，进一步促进了科技成果的转化。

（四）调动科研机构为中小企业服务

创新券的服务提供方主要是高校院所等科研机构，通过创新券政策，不仅为企业降低了创新成本，还为科研机构增加了服务收益，推动科技服务供需双方之间形成良性互动。一方面，对于中小企业来说，普遍存在研发能力有限、研发投入不足等情况，使用创新券购买科技服务可以直接"免单"，降低了研发成本，刺激了研发意愿。同时，初尝"甜头"的中小企业会持续开展研究开发活动，进一步加大创新投入，形成良性循环。另一方面，科研机构作为服务提供方，可以直接兑现创新券，但必须开展市场化的科技服务，这在一定程度上也倒逼科研机构开展以中小企业为主体、市场为导向的科技服务，从而推动一批新型科技服务机构的兴起，有利于形成充满活力的创新生态圈。

四、重庆科技创新券制度的特点

（一）申领手续全国最少

重庆科技资源共享平台建设了创新券管理系统，为企业提供全流程便捷在线服务。创新券为电子券形式，企业通过类似"科技淘宝"购物的方式在线申领、使用创新券。

（二）兑现程序全国最简

创新券在网上办理兑现，接券机构为企业提供科技服务接收的创新券，仅需向市科学技术局提交纸质《科技创新券兑现申请表》即可兑现。

（三）需求导向性强

创新券是由企业根据创新需求和发展规划自行确定申领券种，既可用于购买科技服务，也可用于自主研发。

第四节　现有政策存在的问题与不足

一、政策系统性有待增强

如前所述，重庆市科技型企业扶持政策包括科技奖励、财政直接无偿投入、专项资助、研发专项资金补助、财政补贴、财政（信用）担保、发放科技创新券等方式；面向的对象涉及科技人才、研发机构、科技创业企业、上市科技企业、科技企业孵化器（加速器）以及科技园区等各个方面；在具体的激励内容上有面向所有科技型企业的、面向某一类具体企业的，以及面向企业具体项目或产品的共三类不同层次的激励。对于科技型企业而言，内容体系较多，不同体系之间的部分政策有重复和交叉，但要求各异，这无形之中加重了企业的负担。企业需要系统消化不同部门发布的政策，并时时关注不同部门政策的最新调整，难免出现企业具备了相应的申报条件但没有享受相应政策优惠的情况。

二、政策着力点有待精准

科技型企业发展扶持的相关政策，应当以提高企业科技创新能力为目标，但目前以培育科技型企业创新能力的政策相对较少，现有政策更多体现为优惠和补贴，对科技型企业创新能力培育相关的直接政策较少，对重点产业和重点领域的创新能力培育政策相对缺乏。在具体项目审核评价中，对科技型企业的成长性和后续的发展考虑不够；对传统型企业的转型升级改造等政策还有待细化。存在部分科技型企业在短期内单纯争取政策优惠，忽视长远的科技创新能力培养，使得政策的执行效果与政策目标有偏离。

三、政策针对性有待加强

科技型企业发展是一个阶段性的过程，不同发展阶段、不同规模、不同性质和不同技术领域的科技型企业在成长目标和模式上差异明显，对扶持政策的诉求也有较大差别。目前重庆市出台的科技型企业扶持政策面向的对象大多比较笼统，需要加强对不同阶段、不同性质、不同规模、不同领域的科技型企业差异化政策的设计；面向初创期、成长期科技型企业的扶持相对较多，对于成熟期、衰退期的科技型企业关注还不够；对重点领域和重点企业的定向支持和重点支持措施，还需进一步加强。

四、政策覆盖面有待扩大

目前科技型企业发展相关的扶持政策主要集中在科研项目、财税政策、人才激励政策、企业培育政策、创新平台建设政策和科技成果转化等方面。不同类别的政策相对来说覆盖面不够广，以人才培育政策为例，现有的人才政策只对科技领军人物和创新创业示范团队等高精尖人才有涉及，对企业需求迫切的高中级管理者和研发人才并未有相关的人才引进鼓励政策以及配套人才发展环境培育政策；重庆以技术专家为代表的中高端人才与创新人才比较紧缺，在目前的人才激励政策下，引进外来人才的压力很大；对于研发团队在外地的科技型企业，缺乏相应的人才流动支持政策，企业在科研人员和管理人员的流动管理成本上投入过多，且得不到相应的政策补贴，增加了企业的运营成本。

五、政策执行力有待提高

在具体的政策执行层面，某些政策的申请流程过于烦琐，且审批时间过长；部分涉及贷款或资金来源的政策，不同年度的政策调整较大，给企业带来了较大的不确定性，不利于科技型企业合理制订企业的资金计划。另外，部分政策规定了环保等达标要求，但并未明确具体的评定标准，增加了企业享受政策的难度。

六、政策宣传力度有待加强

科技型企业发展相关的扶持政策较多，很多企业尤其是偏远地区的企业对政策的知晓度不够，需要进一步加强政策宣传力度。此外，企业方对政策的学习不够重视，往往不能够准确理解政策精神，客观上也影响了科技型企业相关扶持政策的实施效果。

第五节　科技型企业培育对策建议

一、加强政策的系统性

加强科技型企业管理与服务部门的沟通与协作，对涉及科技型企业的各项政策进行整理，强化政策的系统性和协同性。通过部门协作，建立贯穿科技型企业初创期、成长期、成熟期和衰退期4个阶段的完整政策体系，加强对科技型企业不同阶段各个环节的支持，制定效果更加实惠直接、流程更加精简的系统性政策。

二、精准化政策着力点

围绕影响科技型企业创新的技术、资金、研发人员、产学研协同等能推动科技型企业创新能力提升的关键领域出台具体的支持和帮扶政策；对重点领域的关键技术研发或技术改造提供包括人才引进、环境配套等在内的全方位支持；基于重庆产业发展趋势，在政策上对科技型企业发展进行重点引导和布局，支撑大数据、智能化背景下重庆未来产业的发展。

三、提高政策的针对性

在普惠政策的基础上，结合科技型企业发展的不同阶段以及不同类型和规模的科技型企业对政策的不同诉求，设计针对性的政策，进行分类指导；对重点领域和重点企业进行定向支持，重点关注人才、技术等关键环节，出台相应的培育支持政策；在资金支持政策的设计上，可以考虑分阶段和分层次的支持，将"广撒网"和"重点培养"相结合。

四、扩大政策覆盖面

拓宽目前科技型企业相关政策的辐射范围，如专门出台企业所需的专业人才引进和培育政策，解决重庆市科技型企业中高端人才缺乏的问题；对研发团队在市外的科技型企业，出台支持企业内部人才流动的优惠政策，如企业高管税收奖励和返还政策，帮助企业聚集创新资源。

五、提高政策的执行力

提供一站式综合性服务，提高政策执行效率，优化政府办事流程；运用大数据实现政务数据共享，让数据多跑路、企业少跑路；保持政策的连续性。

六、加强政策宣传

改变传统的政策宣传方式，借助大数据或智能化信息平台，精准推送科技型企业的相关扶持政策；扩大政策发布途径，充分利用微博、微信等新媒体，增加政策的透明度和民众了解度；定期开展科技型企业发展相关政策的集中宣讲。

附　录

附录 1—附录 7 数据来源于"重庆市科技型企业管理系统"。

附录 1　2018 年重庆市科技型企业主要科技指标——按地区分类

	科技型企业数/家	从业人员数/人	研发人员数/人	研发费用投入/亿元	主营业务收入/亿元	新产品（科技服务）收入/亿元	净利润/亿元	有效专利量/件	有效发明专利量/件	研发平台数/个	高新技术产品数/件
全市	1 1026	89 6411	199 635	408.3	10 238.0	4 707.9	342.0	66 291	10 783	566	7 419
主城都市区	8 987	810 675	184 399	385.1	9 609.5	4 483.8	312.4	61 579	10 349	532	6 939
渝中区	296	24 515	6 101	14.2	946.1	64.3	2.9	1 755	509	11	91
大渡口区	185	25 688	5 062	10.9	364.4	192.1	17.1	1 852	295	21	277
江北区	498	61 509	29 525	65.2	956.3	522.6	0.3	6 871	1 492	27	345
沙坪坝区	327	32 444	7 061	16.9	781.3	671.5	22.9	3 755	963	22	201
九龙坡区	1 055	71 737	19 045	31.1	650.7	240.7	29.9	7 992	1 383	76	1 023
南岸区	581	46 534	12 054	20.7	478.7	153.3	23.9	3 604	729	54	326
北碚区	366	39 208	8 896	17.9	280.3	147.3	6.4	2 562	474	25	273
渝北区	1 083	158 768	37 248	90.2	2 191.2	1 130.7	73.2	9 961	1 303	123	1 445
巴南区	660	51 134	9 790	18.7	406.6	214.6	14.7	2 785	203	24	255
涪陵区	554	52 521	6 905	18.8	700.2	272.2	71.0	1 511	138	21	227
长寿区	336	26 291	4 308	9.5	263.7	125.0	12.2	1 542	402	18	212
江津区	424	50 990	8 434	17.4	423.9	256.5	15.9	4 622	599	25	419
合川区	307	24 791	3 809	10.9	179.4	89.1	−10.0	2 348	371	11	308
永川区	301	24 571	4 329	7.7	229.7	46.5	0.2	2 208	425	15	142
南川区	152	7 856	1 372	1.7	50.8	10.5	3.3	521	72	0	74
綦江区	216	9 783	1 660	3.6	95.2	41.3	2.2	494	57	4	138
万盛经开区	162	7 960	1 476	2.6	64.4	30.7	4.7	748	67	3	82

续表

	科技型企业数/家	从业人员数/人	研发人员数/人	研发费用投入/亿元	主营业务收入/亿元	新产品(科技服务)收入/亿元	净利润/亿元	有效专利量/件	有效发明专利量/件	研发平台数/个	高新技术产品数/件
潼南区	300	7 741	1 616	2.7	52.3	19.5	2.1	495	68	5	79
铜梁区	246	20 705	3 213	5.2	120.8	59.4	3.6	1 566	202	14	274
大足区	325	14 430	2 865	3.7	73.8	27.8	1.7	821	56	3	140
荣昌区	280	14 455	2 747	3.6	71.6	32.5	4.2	930	122	10	139
璧山区	333	37 044	6 883	11.9	228.0	135.9	9.8	2 636	419	20	469
渝东北三峡库区城镇群	1 236	68 828	11 537	15.4	547.6	192.8	18.7	3 968	324	29	380
万州区	223	25 713	3 538	4.7	358.3	117.4	5.0	788	82	14	106
梁平区	133	5 371	1 308	1.3	24.3	10.8	1.1	813	52	7	78
忠县	99	3 405	773	1.5	29.6	9.8	3.8	182	12	1	21
奉节县	195	7 869	1 409	1.7	22.1	6.8	0.8	564	51	1	12
开州区	134	9 156	1 518	1.9	36.7	20.4	2.7	754	39	1	41
垫江县	158	8 376	1 326	2.1	32.9	18.1	3.1	355	45	2	87
巫山县	38	728	178	0.1	1.4	0.2	0.1	95	9	0	0
云阳县	72	2 208	384	0.5	8.8	3.2	0.7	83	3	3	11
丰都县	88	4 124	735	1.1	28.0	3.7	1.0	168	10	0	21
巫溪县	51	1 318	230	0.2	3.7	1.9	0.2	107	18	0	0
城口县	45	560	138	0.1	1.8	0.5	0.2	59	3	0	3
渝东南武陵山区城镇群	803	16 908	3 699	7.8	80.9	31.3	11.0	744	110	5	100
酉阳县	184	2 838	674	0.8	10.6	2.5	6.9	109	26	0	5
秀山县	95	1 521	371	0.4	6.7	4.5	0.6	44	5	1	8
黔江区	210	5 816	1 446	1.2	28.8	13.8	1.3	273	61	3	33
彭水县	77	1 789	302	0.3	7.5	1.1	0.4	127	5	0	7
石柱县	157	3 045	578	4.6	22.0	6.6	1.8	134	11	1	30
武隆区	80	1 899	328	0.4	5.3	2.7	−.0.1	57	2	0	17

附录2　2018年重庆市科技型企业主要科技指标——按技术领域分类

	科技型企业数/家	从业人员数/人	研发人员数/人	研发费用投入/亿元	主营业务收入/亿元	新产品(科技服务)收入/亿元	净利润/亿元	有效专利量/件	有效发明专利量/件	研发平台数/个	高新技术产品数/件
总计	11 026	896 411	199 635	408.3	10 238.0	4 707.9	342.0	66 291	10 783	566	7 419
电子信息	1 981	116 181	30 950	48.0	1 316.7	824.0	31.6	4 985	782	54	1 181
高技术服务	1 141	80 902	24 634	44.0	1 092.6	458.6	49.9	4 953	956	50	501
航空航天	20	1 578	992	2.0	4.0	2.0	−1.9	121	11	3	22
生物与新医药	1 066	72 301	14 361	26.6	558.8	265.5	43.2	5 569	1 273	94	707
先进制造与自动化	2 684	331 200	76 525	174.1	3 309.5	1 883.6	71.0	32 322	5 004	184	3 071
新材料	1 004	103 978	18 254	45.6	1 425.1	606.4	45.3	6 966	1 369	77	1 147
新能源与节能	377	40 917	8 655	19.3	606.8	265.4	20.8	3 192	478	36	294
资源与环境	476	37 065	7 942	17.4	549.6	204.9	58.3	3 903	461	25	249
其他	2 277	112 289	17 322	31.3	1 374.9	197.5	23.8	4 280	449	43	247

附录 3   2018 年重庆市科技型企业主要科技指标——按产业分类

	科技型企业数/家	从业人员数/人	研发人员数/人	研发费用投入/亿元	主营业务收入/亿元	新产品（科技服务）收入/亿元	净利润/亿元	有效专利量/件	有效发明专利量/件	研发平台数/个	高新技术产品数/件
总计	11 026	896 411	199 635	408.3	10 238.0	4 707.9	342.0	66 291	10 783	566	7 419
第一产业	1 785	31 473	7 482	7.8	115.4	39.8	16.2	2 168	227	11	57
第二产业	5 920	735 921	144 038	337.7	9 101.9	4 382.1	262.6	55 896	8 721	463	6 014
第三产业	3 321	129 017	48 115	62.8	1 020.7	286.0	63.2	8 227	1 835	92	1 348

附录4　2018年重庆市高新技术企业主要科技指标——按地区分类

区　县	高新技术企业数/家	区　县	高新技术企业数/家
全市	2 504	万州区	29
涪陵区	83	梁平区	17
渝中区	70	开州区	17
大渡口区	58	城口县	2
江北区	120	丰都县	9
沙坪坝区	77	垫江县	17
九龙坡区	98	忠县	9
南岸区	145	云阳县	4
北碚区	78	奉节县	10
渝北区	178	巫山县	1
巴南区	80	巫溪县	2
长寿区	51	黔江区	16
江津区	124	武隆区	2
合川区	84	石柱县	4
永川区	91	秀山县	4
南川区	25	酉阳县	3
綦江区	38	彭水县	4
大足区	45	两江新区	328
璧山区	60	万盛经开区	25
铜梁区	78	重庆高新区	253
潼南区	39	璧山高新区	82
荣昌区	44		

附录 5　2018 年重庆市高新技术企业主要科技指标——按技术领域分类

	高新技术企业数/家	职工总数/人	研发人员数/人	研发费用投入/亿元	销售收入/亿元	利润总额/亿元	授权专利/件	高新技术产品服务（服务）收入/亿元
总计	2 430	654 500	128 065	344.2	8 610.1	366.5	11 678	5 816.6
电子信息	565	89 702	24 292	46.3	924.1	58.9	1 383	678.2
生物与新医药	191	41 877	9 039	23.4	429.3	39.4	619	323.7
航空航天	12	1 434	830	0.6	11.5	0.5	50	7.3
新材料	395	73 428	14 165	39.2	956.0	47.5	1 249	600.6
高技术服务	197	54 799	12 659	34.0	868.6	38.6	1 466	299.9
新能源与节能	97	28 510	5 613	17.5	588.1	28.8	409	298.8
资源与环境	112	26 326	5 429	13.7	376.3	22.2	629	185.9
先进制造与自动化	861	338 424	56 038	169.5	4 456.2	130.6	5 873	3 422.2

注：根据 2 430 家高新技术企业报送的 2018 年度火炬统计调查年报统计。

附录6　2018年重庆市高成长性企业主要科技指标——按地区分类

	高成长性企业数/家	从业人员数/人	研发人员数/人	研发费用投入/亿元	主营业务收入/亿元	新产品(科技服务)收入/亿元	净利润/亿元	有效专利量/件	有效发明专利量/件	研发平台数/个	高新技术产品数/件
全市	595	98 798	20 312	45.6	1 208.3	816.9	93.3	5 759	628	75	895
主城都市区	536	87 891	18 641	43.3	1 123.5	781.8	89.8	5 149	602	70	829
渝中区	14	1 122	382	1.7	8.1	5.9	−1.0	23	3	2	17
大渡口区	12	496	167	0.2	3.3	2.0	0.3	82	9	1	10
江北区	24	4 220	731	1.2	30.3	17.8	1.2	166	31	3	55
沙坪坝区	23	2 464	694	1.5	17.5	7.4	−2.9	208	50	0	26
九龙坡区	73	8 311	1 912	3.5	56.2	22.9	2.5	512	61	7	109
南岸区	28	2 047	645	1.1	15.5	8.7	0.9	409	86	5	41
北碚区	29	9 942	2 093	6.8	235.6	197.8	40.2	152	24	3	37
渝北区	101	18 084	5 685	11.4	281.4	213.3	18.1	1 621	152	25	215
巴南区	12	1 739	644	1.7	33.7	35.5	4.2	29	1	1	3
涪陵区	21	12 485	1 420	6.4	234.3	186.5	13.7	163	12	2	32
长寿区	21	2 373	327	0.6	15.9	2.5	2.2	45	11	1	22
江津区	32	5 748	874	2.5	75.6	31.1	5.4	412	20	5	45
合川区	14	1 248	248	0.4	10.5	2.8	0.1	123	31	1	26
永川区	15	654	145	0.2	3.1	1.2	0.1	123	2	1	7
南川区	7	856	134	0.3	6.7	1.6	0.3	64	1	0	11
綦江区	6	2 390	261	0.4	9.8	5.2	0.5	88	6	2	20
万盛经开区	5	208	48	0.1	0.5	0.1	0.0	58	0	0	5
潼南区	7	1 657	299	0.3	15.6	4.2	0.5	41	7	3	6
铜梁区	21	2 796	391	1.0	24.0	7.0	1.2	239	28	4	56
大足区	14	1 441	346	0.3	7.9	4.0	0.2	110	6	1	25
荣昌区	8	789	146	0.1	3.1	1.9	0.0	134	9	0	28
璧山区	49	6 821	1 049	1.6	34.9	22.4	2.1	347	52	3	33
渝东北三峡库区城镇群	48	9 381	1 401	1.9	74.1	31.9	3.6	580	21	4	48
万州区	8	3 479	400	0.5	49.9	23.8	1.0	233	7	1	1
梁平区	4	201	54	0.1	3.0	0.2	0.0	67	3	1	9
忠县	9	594	95	0.1	2.2	1.3	0.2	7	0	0	2

续表

	高成长性企业数/家	从业人员数/人	研发人员数/人	研发费用投入/亿元	主营业务收入/亿元	新产品(科技服务)收入/亿元	净利润/亿元	有效专利量/件	有效发明专利量/件	研发平台数/个	高新技术产品数/件
奉节县	6	182	62	0.2	0.6	0.1	0.0	21	1	1	1
开州区	10	3 922	598	0.7	14.3	4.0	2.2	164	7	1	15
垫江县	5	753	129	0.1	2.6	1.9	0.1	54	2	0	14
巫山县	2	65	6	0.0	0.2	0.0	0.0	7	0	0	0
云阳县	0	0	0	0.0	0.0	0.0	0.0	0	0	0	0
丰都县	4	185	57	0.2	1.3	0.6	0.1	27	1	0	6
巫溪县	0	0	0	0.0	0.0	0.0	0.0	0	0	0	0
城口县	0	0	0	0.0	0.0	0.0	0.0	0	0	0	0
渝东南武陵山区城镇群	11	1 526	270	0.4	10.7	3.2	0.0	30	5	1	18
酉阳县	1	97	10	0.0	0.3	0.3	0.0	0	0	0	0
秀山县	2	437	89	0.1	3.2	2.3	0.3	7	3	1	3
黔江区	3	115	47	0.0	0.3	0.3	0.0	8	0	0	7
彭水县	1	302	68	0.1	5.3	0.0	0.1	7	0	0	6
石柱县	3	173	35	0.1	0.7	0.3	0.1	5	2	0	2
武隆区	1	402	21	0.1	0.9	0.0	−0.5	3	0	0	0

续表

附录 7　2018 年重庆市高成长性企业主要科技指标——按技术领域分类

	高成长性企业数/家	从业人员数/人	科技人员数/人	研发费用投入/亿元	主营业务收入/亿元	新产品(科技服务)收入/亿元	净利润/亿元	有效专利量/件	有效发明专利量/件	研发平台数/个
总计	595	98 798	20 312	45.6	1 208.3	816.9	93.3	5 759	628	75
电子信息	111	24 308	5 603	13.8	336.6	259.1	43.4	679	121	8
高技术服务	60	5 494	2 236	5.0	88.3	73.9	5.8	288	16	3
航空航天	3	139	71	0.2	1.6	1.3	−0.1	19	2	2
生物与新医药	51	7 953	1 475	3.7	76.1	46.8	8.4	584	166	20
先进制造与自动化	189	38 654	6 909	14.1	451.0	308.7	18.3	2 964	218	28
新材料	83	9 303	1 826	6.0	176.9	100.3	9.6	544	61	6
新能源与节能	30	5 269	989	1.2	22.8	9.5	1.7	340	19	3
资源与环境	25	1 017	326	0.3	7.9	2.3	0.8	134	10	1
其他	43	6 661	877	1.3	47.1	15.0	5.4	207	15	4